아들아,
영원히 살 것처럼 배우고
세상을 다 품을 것처럼 살아라

아들아
영원히 살 것처럼 배우고
세상을 다 품을 것처럼 살아라

**개정판 1쇄 발행** | 2011년 8월 15일
**개정판 3쇄 인쇄** | 2012년 5월 5일

**지은이** | 필립 체스터필드
**옮긴이** | 정민하
**펴낸곳** | 함께북스
**펴낸이** | 조완욱

**등록번호** | 제1-1115호
**주소** | 121-251 서울시 마포구 연남동 566-64
**전화** | 02-326-3016~8
**팩스** | 02-326-3460
**이메일** | harmkke@hanmail.net

ISBN 978-89-7504-562-2  03810

ⓒ 2011 함께북스

무단복제와 무단전재를 금합니다.
잘못된 책은 바꾸어 드립니다.

Lord Chesterfild's Letters to His Son

# 아들아,

## 영원히 살 것처럼 배우고 세상을 다 품을것처럼 살아라

필립 체스터필드 지음 | 정민하 옮김

보라. 오늘은 생명이다. 생명의 생명
오늘의 짧은 행로에는
너의 존재와 진실, 모든 것이 담겨 있다.

성장의 기쁨, 행동의 영광, 화려한 성공.
어제는 꿈에 지나지 않고, 내일은 환상일 뿐,

그러나 충실하게 지낸 오늘은
어제를 행복한 꿈이게 하고
내일은 희망이 넘친 환상이게 한다.

보라. 오늘을 인식하라. 여명에 인사를 하라

네 앞에 수많은 길들이 열려 있을 때,
그리고 어떤 길을 택해야 할지 모를 때,
아무 길이나 들어서지 말고 아버지를 불러보거라.

자신의 매력적인 자질들을 계발하라.
그것은 사회에서 좋은 인간을 유지하는 마법이기 때문이다.
그리고 그 매력을 당장 손에 쥘 수 있는 물건보다는
사람의 마음을 얻는 데 사용하라.
성의는 매력이 첨가됨으로써 빛을 낸다.
자신의 인격적 매력을 발견하여 이를 발전시켜라.

당신의 아버지는 어떤 분이십니까?
아버지의 좋은 점을 모두 발견하여
'아버지 자랑 대회'라도 한 번 열어보세요.

차례

| 제1장 |
# 지금이 너에게는 가장 중요하다

letter 1 지혜로운 자는 허송세월을 가장 슬퍼한다 · 19
letter 2 너 자신의 힘만이 성공의 유일한 동력이다 · 24

| 제2장 |
# 욕심을 크게 갖고 세상을 다 가져라

letter 3 노력하는 자만이 인생을 향유할 가치가 있다 · 29
letter 4 작은 씨앗이 하늘을 찌르는 거목이 된다 · 34
letter 5 겸손한 사람에게 오만하지 말라 · 38
letter 6 너의 가장 큰 적은 거짓과 편견이다 · 41
letter 7 위엄은 내부에서 우러나오는 아름다움이다 · 45

| 제3장 |

# 매일 최고의 하루를 살아라

*letter 8* 시간을 잘 이용하면 모든 것을 얻을 수 있다 · 51
*letter 9* 승자는 열심히 일하고 열심히 즐긴다 · 57
*letter 10* 패자는 허겁지겁 일하고 빈둥빈둥 논다 · 63
*letter 11* 불가능이란 노력하지 않는 자의 변명이다 · 67
*letter 12* 돈은 훌륭한 하인이지만 나쁜 주인이기도 하다 · 72

| 제4장 |

# 젊었을 때 해두지 않으면 안 될 일들

*letter 13* 과거의 흥망은 미래의 교훈이다 · 79
*letter 14* 역사 공부를 어떻게 할 것인가 · 86
*letter 15* 독서는 완성된 인격을 만든다 · 89
*letter 16* 무지보다 허위의 지식을 더 경계하라 · 92
*letter 17* 여행의 매력은 새로운 것을 깨닫는 데 있다 · 96

| 제5장 |

# 판단력과 표현력을 길러라

*letter 18* 자신을 신뢰할 수 있어야 자신감이 생긴다 · 105
*letter 19* 건전하고 발전적인 생각에 시간을 투자하라 · 108
*letter 20* 겸양의 미덕이 더 많은 이득을 준다 · 115
*letter 21* 이론으로는 세상을 알 수 없다 · 118

*letter 22* 웅변의 목적은 진리가 아니라 설득이다 · 124
*letter 23* 어떻게 하면 훌륭한 언변을 기를 수 있을까 · 129
*letter 24* 품위를 높이는 것은 자기 자신의 일이다 · 134

| 제6장 |
# 우정은 느리게 자라는 나무와 같다

*letter 25* 너의 친구는 너를 볼 수 있는 거울이다 · 139
*letter 26* 누구와 교제해야 할 것인가를 깊이 숙고해야 한다 · 143
*letter 27* 상대를 사로잡는 교제술을 익혀라 · 148
*letter 28* 사람을 있는 그대로 평가하는 안목을 길러라 · 153
*letter 29* 성공하려면 적당한 허영심도 필요하다 · 158
*letter 30* 감사할 줄 아는 사람 · 162

| 제7장 |
# 인간관계의 기술

*letter 31* 사람의 가치는 타인과의 관계로 측정될 수 있다 · 169
*letter 32* 대화의 방정식 · 178
*letter 33* 조직에서 성공하려면 · 182
*letter 34* 칭찬과 배려는 상대를 공략하는 좋은 전술이다 · 185
*letter 35* 좋은 친구가 많으면 자연스레 강자가 된다 · 190

| 제8장 |
# 더 나은 인격을 위한 제안

letter 36  머리보다 먼저 마음을 사로잡아야 한다 · 197
letter 37  타인의 장점을 본받아라 · 201
letter 38  마음을 사로잡는 것은 겉으로 드러나는 인상이다 · 205
letter 39  상대에게 호감을 사는 기술 · 211
letter 40  예의는 관계를 원활하게 만드는 윤활유다 · 214
letter 41  상황에 따른 예절 지키기 · 218


| 제9장 |
# 인생 최대의 교훈을 익혀라

letter 42  언행은 부드럽게, 의지는 강하게 · 227
letter 43  냉혹한 세상에서 살아남는 지혜를 깨우쳐라 · 235
letter 44  뛰어난 인물과의 친분은 네가 가진 실력이다 · 240
letter 45  끝까지 냉정을 지키는 사람이 경쟁에서 성공한다 · 244
letter 46  너에게 들려주는 또 하나의 충고 · 250

제1장

# 지금이
# 너에게는
# 가장 중요하다

letter 1
# 지혜로운 자는
# 허송세월을 가장 슬퍼한다

네게 꼭 부탁하고 싶은 것이 하나 있다. 그것은 바로 시간의 귀중함과 그 활용에 관한 것이다. 시간이 얼마나 귀중한 것인가에 대해 진정으로 느끼고 있는 사람은 의외로 많지 않다. '시간은 금이다'라고 말하지만 정말로 시간을 귀하게 여기고 잘 사용하는 사람은 매우 드물다.

시간의 소중함에 관한 그럴듯한 명언들은 너무나 많이 있지만 그 가운데 몇 가지 골라 마음 내키는 대로 읊조리기는 아주 쉬운 일이다. 그래서 마냥 시간을 허비하고 있는 사람들조차도 '시간은 아주 소중하다'느니 혹은 '시간은 번개처럼 순식간에 스쳐간다'느니 하면서 스스로 시간을 귀히 여기고 있는 것처럼 허풍을 떠는 경우가 많다.

사람들이 시간에 대해 이렇게 관심을 갖기 시작한 것은 시계가 발명되면서부터다. 처음 해시계가 발명되자 사람들은 매일매일 해시계를 보면서 시간을 잘 쓰는 일이 얼마나 귀한 것인가를 알게 되었고 이미 흘러가버린 시간은 되돌릴 수 없다는 사실도 깨닫게 되었다. 그러나 시간에 관한 이러한 교훈도 단순히 알고 있는 것으로 만족한다면 아무런 소용이 없다. 자기 스스로 시간의 소중함을 몸소 습득하지 않으면 시간의 귀함과 그 활용법을 제대로 안다고 할 수 없을 것이다.

그런 면에서 볼 때 네가 시간의 귀함과 그 활용법을 잘 안다는 것은 대단히 중요하다. 왜냐하면 그에 따라 너의 인생은 앞으로 하늘과 땅만큼이나 큰 차이가 날 것이기 때문이다.

시간에 대해 더 이상 긴 말은 하지 않겠다. 그러나 네가 반드시 명심해야 할 것이 있다. 그것은 인생에서 어느 기간 동안은, 다시 말해서 너는 앞으로 2년의 기간 동안 학식의 기초를 튼튼히 쌓아두어야 한다는 것이다. 2년 후면 너는 성년이 된다. 만약 그때까지 학식의 기초를 튼튼히 쌓지 못한다면 그 후의 인생은 네가 계획한 대로 살아지기가 어려울 것이다. 돌이켜보건대, 학식이란 나이가 들었을 때 찾을 수 있는 삶의 안식처이자 피난처인 것이다.

정년을 마친 후에도 나는 책과 벗하며 살고 싶다. 지금 내가 어떤 유혹에도 흔들리지 않고 독서의 즐거움에 빠져들 수 있는 것도 돌이켜보면 젊은 시절 열심히 공부한 덕택이라고 스스로 생각한다. 그 시절에 조금만 더 열심히 공부했더라면 지금의 즐거움도 역시 좀 더 컸을 것이라는 아쉬움도 남는다. 하지만 그래도 열심히 공부하고 일한 덕에 나는 잠시 복잡한 세상에서 벗어나 모든 일을 잊고서 책에 빠져 평안한 삶을 누릴 수 있는 사람이 되었다.

젊었을 때 많은 학식을 쌓는 것은 너의 미래를 위해서 보람 있는 일이 될 것이다. 그렇다고 놀면서 보냈던 시간이 결코 헛되다는 의미는 아니다. 유희遊戱를 잘 즐기는 것 또한 인생에 멋과 낭만을 더해주는 것이며 젊음의 특권이기도 하다. 나 역시 젊은 시절에 마음껏 노는 시간을 가졌다. 만약 내가 젊은 시절에 마음껏 놀지 못했다면 지금에 와서 논다는 것에 대해 지나친 흥미를 가지게 되었을지도 모른다. 왜냐하면 사람은 누구나 자기가 알지 못하는 일에 대해 과대평가를 하는 경향이 있기 때문이다.

다행스럽게도 나는 일에서도 유희에서도 모두에 열중했다. 그러므로 젊은 시절에 마음껏 놀았고 또 열심히 일했다는 것에 한 점의 부끄러움도 후회도 없다. 그렇지만 지금 내가 후회하고 있고 또 앞으로 후회할 것이라고 여겨지는 일이 한 가지가 있다. 그것은 젊은 시절에 일이나 유희를 즐기는 시간 이외에 의미 없는 많은 시간들을 나태하게 허비해 버린 일이다.

  극단적으로 표현한다면 시간을 낭비하는 것은 목숨을 버리는 일과 같다고 할 수 있다. 왜냐하면 한 알의 작은 시간들이 모여서 인간의 일생을 이루기 때문이다. 인생은 소소한 시간들이 모여서 이루어지는 시간의 위대한 집합체인 것이다.

  오늘 혹시라도 시간을 낭비하지는 않았느냐? '이 정도쯤이야 허비해도 괜찮겠지, 겨우 십 분인데.'라면서 십 분이라는 시간을 무의미하게 흘려보냈다면 십 분 만큼의 목숨을 버린 것이다. 매일 그렇게 십 분씩 시간을 낭비한다면 일 년이면 3,650 분을 가치없이 살아온 것이다. 그런 시간이 많아질수록 인생의 질이 현저히 떨어질 것은 당연한 일이다.

  네가 성년이 되기까지의 앞으로의 2년 동안은 네 인생에서 가장 중요하고 귀중한 시기다. 나는 너에 대한 애정으로 이 시기를 부디 알차게 보내라고 당부하고 싶다. 지금 이 시기를 네가 아무런 보람도 없이 그냥 흘려 보낸다면 그만큼 네 학식의 깊이는 얕아질 것이고 인격의 형성에도 많은 손실이 따를 것이다. 그러나 네가 이 시기를 정말로 보람 있고 알차게 보낸다면 그 시간들은 깊은 의미로 다가와 너에게 크나큰 이익으로 돌아올 것이다.

  앞으로 2년 동안 학문의 기초를 확실히 닦아두어야 한다. 일단 기초를 탄탄하게 다져놓는다면 언제든지 네가 원하는 학식을 그 위에 차곡차곡 쌓아갈 수 있다. 그러나 뒤늦게 학문의 기반을 다지려고 한다면 이미 때는 늦는다.

젊은 시절에 인생의 기반을 잘 다져놓지 못하면 나이가 들었을 때 정말로 매력 없는 사람이 되어버리고 말 것이다. 그러므로 네 인생에서 지금의 이 시기야 말로 공부에 매진해야 할 시기이고 또 아무런 장애물 없이 마음껏 학식을 습득할 수 있을 시기이기도 하다. 때로는 책상 앞에 앉아 있기가 짜증이 날 때가 있겠지만 그럴 때는 이 시기가 '인생에서 누구나 한 번쯤은 거쳐야 하는 관문과 같은 것이며, 그러므로 내가 단 한 시간이라도 더 노력하면 그만큼 빨리 이러한 구속으로부터 해방될 수 있다'고 생각해라. 얼마나 빨리 자유를 쟁취할 수 있느냐는 오로지 시간을 어떻게 잘 사용하는가에 달려 있다.

*letter 2*

# 너 자신의 힘만이
# 성공의 유일한 동력이다

　　　　　　　　🍃 방종하게 생활하지만 않는다면 네 나이에 육체적으로는 아무런 문제가 없을 것이다. 하지만 두뇌는 그렇지 않다. 네 나이에는 특히 일상생활에서 잘 절제된 마음가짐을 갖는 것—가끔 머리를 식히는 행동까지 포함해서—이 중요하다. 현재 너에게 주어진 시간을 어떻게 보내는가에 따라 앞으로 너의 두뇌활동이 커다란 영향을 받을 것이다.

　두뇌를 건강하게 유지하기 위해서는 꽤 많은 훈련이 필요하다. 어떤 사람은 전혀 노력하지 않아도 천재라고 인정을 받기도 한다. 만약 천재라면 자신의 타고난 두뇌에 후천적인 노력까지 더한다면 훨씬 더 훌륭한 인물이 될 것이다. 하지만 그런 경우는 매우 드문 것이기에 스스로 그것을 기대할 수는 없는 일이다.

그러므로 너에게 당부하고 싶은 것은 때를 놓치기 전에 더 많은 학식을 쌓기 위해 열심히 노력하라는 것이다. 그렇지 않으면 이 험난한 세상에서 출세는 고사하고 평범한 사람으로 살아가기도 힘들다.

다시 한 번 네 입장을 돌아보아라. 지금 현재 너에게는 출세의 밑거름이 될 지위나 재산도 없다. 이 세상에서 네가 기대고 의지할 언덕이 도대체 무엇이 있느냐? 너 스스로의 힘 이외에 그 어떤 것도 없다. 너 자신의 힘만이 유일한 출세의 동력이 될 것이며 또한 그렇게 되지 않으면 안 된다.

나는 종종 사람들이 자기 신세를 한탄하는 말을 듣는다. 자기는 뛰어난 인재임에도 불구하고 인정을 받지 못했으며 적절한 보상도 받지 못했다는 것이다. 하지만 내가 가진 상식으로는 결코 그런 일은 일어나지 않으며 일어날 수도 없다. 내가 가진 단 하나의 신념은 훌륭한 인물은 어떠한 역경에도 굴하지 않고 끊임없는 도전과 노력으로 반드시 성공한다는 것이다.


훌륭한 사람은 학식과 식견이 뛰어남에도 불구하고 겸손함을 갖춘 사람이다. 식견이 얼마나 중요한가에 대해서는 굳이 되풀이해서 언급할 필요는 없지만 결론만 말하자면 식견을 갖추지 못한 사람은 외로운 인생을 살게 된다. 학식에 대해서도 계속 말했지만 자신이 목표로 삼은 것은 몸에 자연스럽게 배이도록 노력해야만 한다. 학식이나 식견은 그 사람의 태도에 따라서 더욱 빛나기도 하고 빛을 바래기도 한다.

겸손은 앞서 말한 학식이나 식견에 비해 대수롭지 않게 여길지도 모르지만 훌륭한 사람이 되기 위해서는 결코 소홀해서는 안 되는 중요한 요소 가운데 하나다. 또한 상대의 마음을 가장 매료시키는 것은 바로 겸손한 태도이다.

부디 기회가 있을 때마다 나의 말을 진지하게 생각하고 행동하기를 바란다. 나의 조언은 너의 인생의 선배로서 오랜 경험의 산물이자 나 스스로 직접 겪으면서 얻어낸 소중한 지혜의 결집이다. 무엇보다 너에 대한 나의 사랑의 증거로써 이 조언들을 보내는 것이다.

어쩌면 너는 아직 네 장래를 걱정하고 있는 내 마음의 절반도 이해하지 못하고 있는지 모른다. 지금 나의 충고가 네 자신에게 어떤 도움이 되는지 너 스스로는 잘 모를 수 있겠지만 조금만 참고 내가 하는 말에 귀를 기울인다면 머지않은 장래에 나의 충고가 결코 헛되지 않았다는 사실을 깨닫게 될 것이다.

## 제2장

# 야망을 크게 갖고 세상을 다 품어라

letter 3
# 노력하는 자만이
# 인생을 향유할 가치가 있다

**게으름에 대해** 너에게 하고 싶은 말이 하나 있다. 너도 이미 알고 있겠지만 너에 대한 나의 사랑은 네 어머니에 대한 나의 사랑과는 감성적으로 그 의미가 다르다. 나는 아버지로서 자식의 잘못된 점을 그냥 지나칠 수 없다. 오히려 잘못을 발견하면 그 즉시 바로잡아주는 것이 아버지로서 나의 의무이며 특권이라고 생각한다. 또한 내가 잘못된 점을 지적하면 곧바로 개선하려고 노력하는 것이 자식으로서의 도리라고 생각하는데, 너는 그것에 대해 어떻게 생각하느냐?

다행히 지금까지 내가 보아온 너는 성격적인 면이나 재능 면에서 그다지 커다란 문제점이 찾아지지 않았다. 다만 조금 게으르고 집중력이 떨어지며 약간은 무관심한 경향이 있는 것 같다. 이 점은 육체적으로나 정신적으로 나약해진 노인 –인생의 황혼기를 맞이한 노인은 평안하고 편한 여생을 보내기를 원한다–이라면 모르지만 청년에게는 결코 허락될 수 없는 생활습관이다.

청년은 어느 누구보다도 더 뛰어나고 빛나겠다는 야망으로 열심히 노력하지 않으면 안 된다.

로마의 정치가 시저는 '훌륭한 행동이 아니면 행동이라고 말할 수 없다'고 했다.

이런 면에서 너에게는 용솟음치는 활기가 조금 부족하다고 느껴진다. 생기가 넘치는 사람은 주위 사람들을 기쁘게 하기 위해 노력하고 뛰어나고 빛나야겠다는 야망을 품는다. 거듭해서 말하지만 다른 사람에게서 존경을 받으려면 그만큼 더 노력해야 한다. 그렇지 않으면 결코 존경받는 사람이 될 수 없다. 이는 다른 사람을 기쁘게 하려는 마음의 배려가 없으면 절대로 그들을 기쁘게 할 수 없는 이치와 똑같은 것이다.

사람은 누구나 스스로 마음먹은 대로 될 수 있다고 나는 믿는다. 보통의 학식과 소양을 갖춘 사람–시인詩人일 경우는 조금 다르겠지만–이라면 자신의 능력을 부지런히 계발하고 정신을 집중해서 열심히 노력한다면 반드시 존경받는 사람이 될 수 있다.

너는 몇 년 안에 커다란 변혁의 물결이 일렁이는 사회의 한 구성원이 될 것이다. 그때를 준비하기 위해 지금 네가 해야 할 일이 무엇이겠느냐? 그것은 바로 세계 각국의 정치 정세와 이해관계, 경제 상태, 관습, 역사 등에 관한 학식을 두루 섭렵하는 일이다. 이런 학식은 누구나 조금만 노력하면 얻을 수 있는 것이다. 그러므로 그러한 공부를 게을리하는 것은 결코 용인할 수 없다. 자기가 해야 할 일이 무엇인지를 알면서도 하지 않는 것은 게으름 이외의 아무것도 아니기 때문이다.

게으른 사람은 시작한 일을 끝까지 완수하지 않고 중도에 포기해버리는 경우가 많다. 일이 조금만 까다롭거나 귀찮아져도 -터득하거나 습득할 만한 가치가 있는 것에는 난관이 따르기 마련인데도- 쉽사리 좌절하고 체념함으로써 결국 수박 겉핥기에 불과한 학식만을 얻는 것에 만족한다. 이는 '인내와 노력보다는 차라리 무지無知가 낫다'는 생각과 전혀 다를 바가 없다.

이런 사람은 매사에 '나는 할 수 없다'고 생각한다. 실제로 어떤 일에 부딪혔을 때 진지하게 노력한다면 이 세상에서 할 수 없는 일이란 거의 없는 데도 말이다. 이런 사람에게 힘든 일은 곧 불가능한 일이다. 이는 자신의 게으름을 변명하기 위해 힘든 일을 불가능한 일로 여기기로 작정한 것에 불과하다.

게으른 사람에게는 한 가지 일에 한 시간 이상 정신을 집중하는 것조차도 매우 고통스러운 일이다. 그렇기 때문에 그들은 무슨 일이든 깊이 생각하지 않고 단순하게 해석해 버리고 만다. 이런 사람은 통찰력과 집중력을 겸비한 사람과 대화를 나누게 되면 금방 자신의 무지와 게으름이 드러나서 결국 횡설수설하게 된다.

사랑하는 나의 아들아! 힘들고 어려운 일에 봉착하더라도 쉽게 좌절하거나 포기해서는 안 된다. 오히려 한층 더 분발해서 누구나 알고 있어야 할 학식을 터득함으로써 이 사회의 훌륭한 일원으로 우뚝 서겠다는 결의를 굳게 다져야 할 것이다.

우리가 배우는 학식 가운데는 전문직에 종사하는 사람에게만 필요하고 그밖의 사람에게는 전혀 불필요한 것들도 있다. 예를 들어 항해학航海學 같은 전문 학식은 그 분야를 공부하는 사람 이외에는 일상 대화에서 적당히 받아넘길 수 있는 기본적인 상식을 갖추는 것만으로도 충분할 것이다.

하지만 사람들이 대부분 알고 있는 어학, 지리, 역사, 철학, 수사학, 논리학 등의 분야에 관해서는 깊이 있게 알아두는 것이 유용할 것이다. 이 다양하고 넓은 학식들을 자신의 것으로 소화하는 일은 그리 쉬운 것이 아니다. 거기에는 꽤 많은 노력이 필요하다. 그러나 하나씩 꾸준하게 공부하다 보면 불가능한 일도 아니다. 꾸준한 노력은 결국 너의 미래를 더욱 빛나게 만들 것이다.

거듭해서 당부하지만 나는 네가 무지한 사람들이 흔히 말하는

'나는 할 수가 없다'는 말을 하지 않게 되기를 바라며 또한 그러지 않으리라 믿는다.

육체적으로든 정신적으로든 인간이 '할 수가 없는' 일은 없다. 한 가지 일에 오랫동안 집중할 수 없다고 말하는 것은 결국 '나는 바보입니다' 혹은 '나는 게으름뱅이입니다'라고 말하는 것에 다름 아니다. 아무튼 누구든지 해낼 수 있는 일을 '나는 할 수가 없다'고 생각하는 것이야 말로 어찌 어리석고 부끄러운 일이 아니겠느냐?

*letter 4*
# 작은 씨앗이
# 하늘을 찌르는 거목이 된다

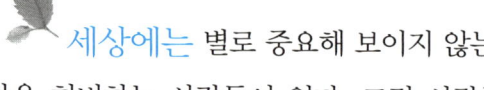세상에는 별로 중요해 보이지 않는 일인데도 아까운 시간을 허비하는 사람들이 있다. 그런 사람들은 정말로 무엇이 중요하고 무엇이 중요하지 않은지를 제대로 구분하지 못한다. 그래서 그들은 정작 중요한 일에 쏟아야 할 시간과 노력을 그리 대수롭지 않은 일에 허비하는 경우가 태반이다. 이런 사람들은 다른 사람과 대화를 나눌 때도 상대방의 옷차림에만 신경을 쓰느라 정작 중요한 상대방의 인격은 보지 못한다. 연극을 볼 때도 연극의 내용보다는 무대의 장식에 더 많은 관심을 기울인다. 이런 사람에게서 발전을 기대하기는 어렵다.

하지만 대수롭지 않은 일이라고 해서 무작정 무시해서는 안

된다. 사소한 일이라도 다른 사람에게 호감을 주고 기쁨을 줄 수 있다면 관심을 가져야 한다. 훌륭한 사람이 되기 위해서는 학식과 식견을 넓히는 일도 중요하지만 예의 바른 태도를 익힌다거나 조금은 사소해 보이는 일에도 관심을 기울이고 몸에 배도록 노력하는 것이 좋다.

아버지는 너에게 조금이라도 가치가 있다고 생각되는 일이라면 소홀히 여기지 말고 관심과 애정을 기울여 훌륭하게 성취해내기를 당부하고 싶다. 가령 사교를 위한 춤이나 단정한 옷차림 같은 일상의 사소한 것에까지도 관심을 가졌으면 한다.

춤은 젊은이들에게 꼭 필요한 것이다. 그러므로 춤을 배울 때도 아무렇게나 배우면 안 된다. 옷차림도 마찬가지다. 사람은 누구나 옷을 입고 살며 언제나 단정한 옷차림이 되도록 신경을 써야 하는 것이다.


대체로 주의가 산만한 사람은 머리가 좀 모자란 사람이거나 집중력이 떨어지는 사람이다. 이런 사람과 동석을 하게 되면 종종 예절에 어긋나는 행동을 하기 때문에 자리가 불편해지는 경우가 있다. 가령 어제까지는 잘 대하던 사람에게 오늘은 갑자기 냉랭해진다거나 사람들과의 대화에 적극적으로 참여하지 않다가 갑자기 끼어들어 제멋대로 화제를 돌려놓는다거나 하는 경우다. 이런 행동을 하는 것은 정신적으로 집중력이 부족하다는 증거다. 이런 사람과 함께 자리를 하면 유쾌하던 기분도 상할 때가 많다. 가령 영국의 물리학자 뉴턴처럼 세계적인 천재라면 주변의 많은 사람들 속에서도 혼자 생각에 몰두하는 일이 용인될 수 있을지 모르지만 일반적인 사람이 그렇게 행동한다면 결국 그 사람의 사회생활은 실패하게 될 것이다. 그 사람은 사람들 사이에서 당장 바보 취급을 받게 되고 끝내는 동료들로부터 따돌림을 받게 되고 말 것이다. 이처럼 주의가 산만하고 예의바르지 못한 사람과 함께 있다는 것 자체가 불쾌한 일인것은, 자신을 제외한 모든 상대를 무시하는 행동 때문이다. 사람과의 관계에 있어서 다른 사람을 무시하는 것은 결코 허락될 수 없는 일이다.

스스로 존경하고 사랑하는 사람이 눈앞에 있다면 어떻게 그를 무시하고 정신이 산만해질 수 있겠느냐? 결코 그럴 수는 없을 것이다. 어떤 사람도 스스로 주목할 만한 가치가 있다고 느끼는 상대 앞에서는 결코 정신이 산만해질 수 없다.

설사 상대가 주목할 만한 가치가 없다고 해도 그를 무시하거나 차별을 두어 관계를 맺는다면 결국 너의 사회생활은 순탄하지 못할 것이다.

솔직히 나는 정신이 산만한 사람과 함께 있느니 차라리 죽은 사람의 곁에 있는 편이 낫다고 생각한다. 죽은 사람은 적어도 나를 무시하지는 않을 테니까. 그러나 정신이 산만한 사람은 나에게 일말의 관심조차 없으면서 무의식중에 떠들고 있는 것과 마찬가지다.

정신이 산만한 사람이 상대의 인격이나 태도 그리고 상대가 자란 곳의 풍습 같은 것을 과연 정확히 관찰해낼 수 있을까? 절대 그렇지 못할 것이다. 정신이 산만한 사람이 우연히 훌륭한 사람들의 보호 속에서 일생을 보낸다고 해도 마지막까지 그가 스스로 얻는 것은 하나도 없을 것이다.

지금 하고 있는 일이나 앞으로 해야 할 일에 대해서도 정신을 집중하지 못하는 사람은 결코 훌륭한 일을 할 수 없음은 물론이고 좋은 친구도 되지 못한다는 사실을 명심해라.

*letter 5*
# 겸손한 사람에게 오만하지 말라

**내가 볼 때** 너는 주위 사람들에 대한 주의력이 조금 부족한 것 같다. 그것을 달리 생각해보면 네가 그 사람들을 무시하고 있다는 증거가 될 수도 있다. 상대방에게 무시당하고 좋아할 사람은 세상에 단 한 사람도 없다.

물론 세상에는 여러 부류의 사람들이 있고 그 가운데는 어리석고 예의바르지 못한 사람도 있다. 나는 네게 그런 사람들까지 존중하라고 말하고 싶지는 않다. 하지만 그렇다고 해서 그런 사람들을 무시해서도 안 된다. 만약 그런 사람들을 대놓고 무시한다면 너는 앞으로 너를 지지할지도 모르는 사람들을 점차 잃어버리게 될 것이고 그만큼 네 인생에 타격을 받게 될 것이다.

물론 어떤 부류의 사람들을 특히 싫어하는 것은 너의 자유겠지만 그런 마음을 상대방에게 있는 그대로 표출할 필요는 없다. 그런 사람에게 마음을 감추는 것은 결코 비굴한 행동이 아니다. 나는 그것이 오히려 현명한 태도라고 생각한다.

비록 어리석고 예의바르지 못한 사람일지라도 인생의 어느 시점에서는 너에게 커다란 힘이 되어줄지도 모르는 것이 인간관계에서는 흔한 일이다. 또한 아무도 단정할 수 없는 일이다. 만약 네가 지금 그 사람을 대놓고 무시한다면 그는 필요할 때 너를 돕지 않게 될 것이다. 때로는 악행은 용서받을 수 있지만 상대를 모욕하는 것은 결코 용서받지 못한다. 사람은 누구나 자존심이 있어서 상대에게 무시당한 기억은 결코 잊지 못하는 것이다.

상대를 무시한다는 것은, 예를 들어 그가 저지른 범죄 이상으로 감추고 싶은 어떤 약점이나 결함을 직접적으로 헤집는 것과 같다. 이것은 매우 고통스럽고 오래 남는 상처가 된다.

자신이 저지른 잘못을 친구에게 솔직하게 고백하는 사람은 있지만 자신의 약점이나 결함까지 털어놓는 사람은 없는 법이다. 마찬가지로 잘못을 지적해주는 친구는 있지만 그의 어리석음을 직선적으로 말하는 친구는 없을 것이다. 약점이나 결함은 자기 스스로 고백하는 것이나 상대로부터 지적당하는 것이나 둘 다 자존심이 크게 상하는 일이라는 점을 누구나 스스로 마음속으로 알고 있기 때문이다.

그 누구라도 상대로부터 모욕을 당한다면 분노할 정도의 자존심은 가지고 있다. 그러므로 인생에서 적을 만들고 싶지 않다면 아무리 상대하기 싫은 사람일지라도 드러내놓고 무시해서는 안 되는 것이다. 종종 자신의 우월감을 드러내기 위해서 다른 사람의 약점이나 결함을 폭로하여 웃음거리로 만드는 사람들이 있다.

그러나 명심해라! 너는 절대 그런 비겁한 짓을 해서는 안 된다.

어쩌다 다른 사람의 약점이나 결함을 이야깃거리로 삼아 주위 사람들을 웃길 때가 있다. 그러나 그런 사소한 일로 인해 너는 평생의 적을 만들게 되고, 게다가 그때 함께 웃었던 친구들조차도 나중에는 오히려 너를 경계하게 될 것이다. 다른 곳에서 자신의 약점이나 결함을 화제로 삼을지도 모른다는 점 때문에 너를 멀리 할 것이 틀림없다. 결국 함께 웃었던 친구들까지도 너를 싫어하게 되는 것이다.

그뿐만이 아니다. 상대의 약점이나 결함을 비웃는 행동은 자기 자신의 품위마저도 실추시킨다. 정의로운 사람은 다른 사람의 약점이나 결함을 감춰줄지언정 그것을 들춰내어 웃음거리로 삼지 않는다. 너에게 있는 재치와 유머감각을 다른 사람의 불행을 들추어 상처를 입히는 데 사용하지 말고 그들을 기쁘게 만드는 데 발휘해야 할 것이다.

*letter 6*
# 너의 가장 큰 적은 거짓과 편견이다

**네가 보낸 편지는** 잘 받아보았다. 로마 가톨릭 교회의 허황된 이야기와 그 이야기에 맹신하는 신자들을 보면서 무척 놀랐을 네 기분은 충분히 이해한다. 하지만 그것이 비록 잘못된 생각일지라도 그 사람이 진실하게 믿고 있다면 결코 그들의 믿음을 비웃거나 욕해서는 안 된다.

사물에 대한 분별력이 흐리고 그 실체를 올바로 바라보지 못하는 사람은 물론 불쌍하게 생각되지만 그렇다고 해서 그가 웃음거리가 될 만한 행동을 했다거나 비난받을 만한 일을 저지른 것은 아니다. 그러므로 그런 사람을 대할 때는 오히려 친절한 마음과 진지한 대화를 통해 올바른 길로 인도해야만 한다는 마음가짐이 더욱 중요하다.

　사람은 누구나 주체의식을 가져야 하고 그에 따라 행동해야 한다. 다른 사람의 생각을 무시하고 무조건 자기에게 맞추려고 하는 사람은 상대의 체형과 체질까지도 모두 자기와 같아야 한다고 억지를 부리는 교만한 사람이다.

　인간은 누구나 저마다 자신의 삶에 대해 긍정적인 의미를 부여하며 살아가고 있다. 그러므로 어떤 삶이 진실로 옳고 그른가는 오직 창조주만이 평가할 수 있는 문제다.

　자신의 생각과 다르다는 이유로 덮어놓고 다른 사람의 의견을 무시하거나 자신이 믿는 종교와 다르다는 이유로 상대를 이교도 취급을 하고 핍박하는 사람은 무지한 사람이다.

　인간은 누구나 자신의 생각에 따라 행동하고 자신의 믿음에 따라 그 길을 갈 수밖에 없는 존재이다. 비난 받아야 할 사람은 오히려 거짓말을 유포시키고 이야기를 꾸며낸 사람이지 그것을 믿고 따르는 사람이 아니라는 사실을 알아야 한다.


　　　　세상에서 가장 비겁하고 어리석은 사람은 바로 거짓말로 다른 사람을 현혹하는 사람이다. 거짓말을 하는 이유는 비겁함과 적대감에서 생겨나는데, 어떤 경우에도 거짓말로 목적한 바를 이루는 예는 거의 없다. 제아무리 감쪽같이 다른 사람을 속였다고 할지라도 거짓말은 얼마 지나지 않아 들통이 나게 마련이다.

예를 들어 다른 사람의 행복이나 덕망을 질투하여 거짓말을 늘어놓아 얼마 동안은 그 사람에게 상처를 입힐 수는 있겠지만 고통에 시달리는 사람은 결국은 상대가 아니라 자기 자신이 되고 만다. 어떤 경우에도 진실은 밝혀지기 마련이기 때문이다. 더욱이 진실이 밝혀지고 나면 그 후에는 거짓을 퍼뜨린 사람이 아무리 진실을 말해도 믿어줄 사람이 없고 그의 모든 언행은 거짓과 중상으로 간주된다. 이것은 인생에서 그야말로 커다란 손실이 아닐 수 없다.

또한 자신의 언행에 대하여 변명을 늘어놓는 사람은 얼마 지나지 않아 명예가 실추되고 창피를 당하게 될 것이다. 변명은 거짓말과 다를 바 없기에 구차한 변명에 매달리는 사람은 다른 사람들로부터 가장 저급하고 비열한 인간으로 취급받아 마땅하다. 만약 어쩔 수 없이 잘못을 범했다면 변명보다는 정직하게 자기 잘못을 인정하고 용서를 구하는 것이 최선이다. 자신의 잘못을 숨기려고 변명이나 거짓말로 얼버무리려는 사람은 결코 성공하지 못한다.

너도 양심이나 명예에 상처를 입지 않고 당당하게 세상을 살아가고 싶다면 그 어떤 변명이나 거짓도 없이 떳떳하게 행동해야 한다. 이것은 네가 이 세상에서 생을 마감할 때까지 마음속 깊이 새겨두어야 할 중요한 교훈이다. 정정당당하게 사는 것이야말로 인간의 도리이자 결국 자신에게도 이익이 되는 일이다.

    다시 한 번 말하지만 어리석은 사람일수록 거짓말에 능숙한 법이다. 나는 그 사람이 하는 거짓말에 따라 그의 지능지수를 판단한다.

letter 7
# 위엄은 내부에서 우러나오는 아름다움이다

**오늘은** 인간의 사회적 성격과 그 태도에 관해서 말하고자 한다. 이것은 어느 정도 나이가 들어서 다시 생각해 볼만한 가치가 있는 문제로, 특히 너와 같은 젊은이들은 습득하기 어려운 학식이기도 하다.

나는 우리 청년들에게 이러한 삶의 지혜를 가르쳐주는 사람이 별로 없다는 사실을 안타깝게 여기고 있다. 모두들 자기가 나설 일이 아니라고 생각하고 있기 때문일까? 학교 선생님이나 심지어 대학의 교수들까지도 자신의 전문분야만 가르칠 뿐 삶의 지혜에 대해서는 아무런 언급도 하지 않는다는 사실이 안타깝다.

그것은 우리 부모들도 마찬가지다. 가르칠 능력이 없기 때문인지 아니면 생활이 바쁜 탓인지는 몰라도 자식들에게 삶의 지혜를 가르쳐주는 부모는 그리 많지 않다. 어떤 부모는 삶의 지혜에 대한 아무런 배움도 없이 사회생활에 곧바로 부딪치는 것이 가장 훌륭한 공부라고 말하기까지 한다. 어떤 의미에서는 그 말은 옳을 수도 있다. 세상에는 이론만으로는 설명할 수 없는, 실제로 사회생활의 경험을 통해서만 터득할 수 있는 일들이 있기 때문이다.

그러나 사회생활의 경험이라고는 전혀 없는 젊은이가 삶의 미로에 발을 내딛기 전에 먼저 그 길을 걸었던 경험자가 대강이나마 삶의 여정을 위한 이정표를 그려 가르쳐준다면 그 젊은이에게 얼마나 커다란 도움이 되겠는가?


아무리 훌륭한 사람이라도 다른 사람으로부터 존경을 받기 위해서는 반드시 위엄을 갖추고 있어야 한다.

말이 많고 웃음소리가 요란하고 입을 열 때마다 농담이 튀어나오고 광대처럼 익살맞은데다가 무턱대고 싹싹한 태도를 취하는 사람은 위엄을 갖추고 있다고 말할 수 없다. 이런 사람은 아무리 풍부한 학식을 소유한 인격자라고 해도 그 경박함으로 인해 사람들로부터 존경을 받기보다는 오히려 업신여김을 받게 된다.

성격이 쾌활한 것은 좋지만 무턱대고 싹싹하게 구는 태도 역시 사람들로부터 '아첨꾼'이라거나 '꼭두각시'라는 핀잔을 듣기 쉽다. 자기보다 지위나 신분이 낮은 사람에게 지나치게 싹싹하게 행동한다면 상대방은 그것이 그 사람의 천성이라고 생각하여 오히려 존경하는 마음은 없어지고 무시하려고 할 것이다. 그러면 상황이 아주 곤란해진다. 농담도 역시 마찬가지다. 언제나 농담만 하려고 드는 사람은 어릿광대와 조금도 다를 바 없으며 이는 사람들이 생각하는 재치나 위트와는 근본적으로 다르다.

결국 자기 자신의 고유한 성격이나 태도, 실력으로써가 아니라 다른 기교로 친구를 사귀고 주목을 받는 사람이라면 존경의 대상이 되지 못하며 오히려 이용의 대상이 될 뿐이다.

사람들은 '저 사람은 노래도 잘하고 춤도 잘 추고 게다가 농담까지 재미있게 잘하니까 우리 모임에 받아들이자'고 말한다.

그러나 이런 말을 들었을 때 너는 절대 기뻐해서는 안 된다. 오히려 비방을 받은 것처럼 불쾌하게 느껴야 한다. 그들은 너에 대한 최소한의 정당한 평가나 존경조차도 없다는 뜻이기 때문이다. 어떤 기교적인 면 때문에 모임에 선택된 사람은 자신이 지니고 있는 장기 이외에는 그 모임에서의 존재 가치가 없다. 사람들은 다른 면에서는 그의 장점이나 인격을 평가하려 들지 않을 것이고 결국 그는 사람들에게 이용만 당하고 존경은 받지 못하는 존재가 되는 것이다.

그렇다면 위엄을 갖춘다는 것은 어떤 것일까? 한마디로 말하자면 그것은 거만함과는 전혀 다른 것이다. 오히려 그 반대라고 말하는 것이 옳다. 농담이 기지機智와 다른 것처럼 거만함은 결코 용기가 아니다.

언제나 억압당하고 있는 사람의 몸부림이 결코 용기 있는 행동으로 보이지 않는 것처럼 나약한 마음을 가지고 있는 사람은 역시 위엄 있는 사람으로 보이지 않는다.

위엄 있는 태도란 저급한 아부나 무책임한 행동이 아니며 매사를 무조건 부정하거나 시시콜콜하게 시비를 따지는 자세도 아니다. 자기의 의견을 겸손하고 정확하게 말하되, 다른 사람의 의견 또한 정중하게 경청하는 자세가 바로 위엄 있는 태도라고 말할 수 있다.

위엄은 자연스럽게 그 사람의 얼굴 표정이나 예의 바른 행동으로 나타나기도 한다. 생동감 있고 절제된 행동이나 밝고 고상한 마음을 내보이는 것도 상대로 하여금 위엄을 느끼게 한다. 위엄이 자연스럽게 얼굴 표정으로 나타나는 일은 결코 쉬운 일이 아니다. 그것은 많은 노력과 수양을 필요로 한다.

제3장

# 매일
# 최고의
# 하루를 살아라

*letter 8*
# 시간을 잘 이용하면
# 모든 것을 얻을 수 있다

　　　　　　　　　　🍃 **돈이나 재물을** 지혜롭게 사용할 줄 아는 사람은 드물다. 그리고 시간을 지혜롭게 사용할 줄 아는 사람은 더욱 드물다. 시간을 지혜롭게 사용하는 것은 돈이나 재물을 지혜롭게 사용하는 것보다 훨씬 더 어렵고 중요한 일이다.

　나는 네가 돈이나 재물은 물론이고 시간까지도 지혜롭게 사용할 줄 아는 사람이 되기를 바란다. 젊은 시절에는 시간이 아주 많고 느긋하게 생각되어 얼마나 귀한 것인가를 직접적으로 느낄 수 없기 때문에 쉽게 허비해버리기 쉽다. 그러나 시간을 허비하는 일은 막대한 재산을 순식간에 탕진하는 일과 별반 다르지 않다. 이러한 사실을 뒤늦게 깨달았을 때는 이미 허비한 시간을 다시 되돌릴 수 없게 된다. 지금 알고 있는 것을 그 때는 왜 몰랐을까 하고 땅을 치고 후회해도 어쩔수 없는 사실은 이미 늦었다는 것이다.

윌리엄 3세, 앤 여왕, 조지 1세 때에 재무대신을 지냈던 라운즈는 생전에 '1펜스에 웃는 자는 그 1펜스 때문에 울게 된다'는 명언을 남겼다.

이 교훈을 그대로 시간에 적용하면 '오늘 1분을 웃는 자는 내일은 그 1분 때문에 울게 된다'는 말이 된다. 그러므로 아주 적은 시간이라도 결코 소홀히 여겨서는 안 된다. 잠시라도 시간을 소홀히 하게 되면 하루에도 여러 시간을 낭비하는 결과를 초래하고 그것이 1년 간 지속되면 엄청난 양의 시간이 낭비되는 것이다.

어느 날 네가 12시에 누군가와 만날 약속이 있다고 가정해보자. 그날 너는 11시경에 집을 나와서 약속시간인 12시가 되기 전에 다른 두세 사람의 집을 방문할 계획을 세웠는데, 그들 가운데 한 사람이 부재중이라면 어떻게 하겠느냐? 찻집에라도 들어가서 12시가 될 때까지 마냥 기다릴 것이냐?

만약 내가 그런 경우에 처했다면 나는 일단 집으로 돌아가 만나지 못한 사람에게 편지를 쓰겠다. 그러면 12시 약속장소에 가면서 그 편지를 부칠 수 있기 때문이다. 편지를 쓴 뒤에도 시간이

남으면 책을 읽겠다. 시간이 별로 많지 않기 때문에 이해하기 어려운 책을 집어드는 것은 적합하지 않다. 그보다는 시집처럼 짧고 지적이며 흥미로운 책이 좋을 것이다. 이렇게 시간을 현명하게 활용한다면 시간이 그만큼 절약되는 것은 물론이고 남는 시간을 따분하게 보내지도 않을 것이다.

세상에는 쓸데없는 일에 지나치게 시간을 낭비하는 사람이 많다. 그런 사람들은 안락의자에 앉은 채 하품을 하면서 '뭔가 시작하기에는 시간이 너무 부족하다'고 말한다.

그러나 이런 사람들은 막상 시간이 주어져도 역시 아무것도 시작하지 못한다. 결국 하릴없이 시간만 허비하고 마는데, 정말로 안타까운 일이 아닐 수 없다. 이런 사람들은 결국 인생에서 패배자가 되고 마는 것이다.

한가하게 시간을 보낸다는 것은 너와 같은 젊은이에게는 용인될 수 없는 일이다. 한가한 시간은 내 나이쯤 되어야 비로소 허락될 수 있는 것이다. 너는 이제 겨우 사회에 첫발을 내딛고 있을 뿐이다. 지금 네게 필요한 것은 성실과 인내 그리고 꿈을 실현하기 위한 행동이다. 앞으로의 몇 년이 네 인생에서 얼마나 큰 의미를 지니고 있는가를 네 스스로 심사숙고하기 바란다. 깊이 있게 생각한다면 단 한순간도 소홀히 보내버릴 수 없다는 점을 깨닫게 될 것이다.

그렇다고 내가 너에게 온종일 책상 앞에만 매달려 있으라고 말하는 것은 아니다. 그렇게 해주었으면 하고 기대하지도 않는다. 내가 말하고자 하는 바는 공부든 휴식이든 시간을 헛되이 보내지 않고 무언가 의미를 두고 있다는 것이 중요하다는 사실이다. 비록 짧은 시간일지라도 네 인생에서 아무런 의미도 없이 그냥 허비하고 있는 시간이 있다면 그 짧은 시간이 모여 매우 커다란 손실로 드러나게 될 것이다.

나의 지인知人 중에 시간을 아주 지혜롭게 활용하는 사람이 있다. 그는 화장실에 가는 잠깐의 자투리 시간까지도 잘 활용하여 고대 로마 시인들의 작품을 모두 독파해버렸다. 이를테면 호라티우스의 작품을 읽고 싶으면 시집을 구입해서 화장실에 갈 때마다 들고 가서 조금씩 읽는다. 그렇게 몇 번을 하다보면 따로 시간을 들이지 않고서도 호라티우스의 시집을 독파하게 된다.

물론 참고서가 필요한 전공서나 이해하기 어려운 과학서 혹은 다소 주의를 요하는 복잡한 내용의 책은 화장실에서 읽기에는 적합하지 않다. 그러므로 화장실에서의 독서는 가볍게 읽어도 그 의미를 충분히 이해할 수 있는 책이나 짧은 시간 안에 읽을 수 있는 책을 고르는 것이 좋다.

비록 짧은 시간이지만 이처럼 효과적으로 활용한다면 먼 훗날 이 시간들이 너에게 상당한 도움이 된다는 사실을 알게 될 것이다. 그러므로 사소한 시간이라고 그냥 낭비해버리지 말거라. 나중에 그 시간을 되찾으려고 해도 이미 때는 늦을 것이다. 나는 네가 매우 짧은 시간이라도 의미 있게 사용했으면 하고 바란다. 그 시간에 아무것도 하지 않는 사람보다는 무엇이라도 하고 있는 사람이 성공할 확률이 더 크다.

시간을 잘 활용해야 한다는 것은 단순히 일이나 공부에만 국한되는 것이 아니라 유희를 즐길 때도 필요하다. 인간은 유희를 통해서 스스로의 역할을 다하는 인간으로 성장하고 발전한다. 또한 유희는 인간을 자만심이나 가식적인 태도로부터 벗어나게 하여 그 참모습을 가르쳐준다. 다소 우습게 들릴지도 모르지만 놀 때도 빈둥거리지 말고 열심히 정신을 집중해서 그 유희에 심취할 수 있어야 한다.


나는 사업에서나 일에서나 사람들이 일반적으로 생각하는 것처럼 남다른 능력이나 특수한 재능이 꼭 필요하다고는 생각하지 않는다. 체계적으로 일하는 자세와 성실함 그리고 분별력만 갖추고 있다면, 재능만 믿고 성실함이 결여되고 체계가 없는 사람보다 훨씬 더 일을 잘 처리해 나갈 수 있다고 믿는다.

이제는 너도 사회에 첫발을 내디뎠으니 사회인으로서 매사에 체계적으로 일을 추진해 나가는 습관을 길러야 한다. 우선 일의 체계를 세워라. 그리고 그에 따라서 하나씩 추진해가는 것이 일을 빠르고 능률적으로 완성시키는 비결이다.

글을 쓰거나 책을 읽거나 스케줄을 짜는 것 등을 포함하여 모든 일에 순서를 정해라. 그렇게 한다면 네가 상상하는 것 이상으로 많은 시간이 절약되고 능률도 향상되는 것을 경험할 것이다.

말버러 공작은 단 1초의 시간도 함부로 허비하지 않았기 때문에 다른 사람들과 똑같이 주어진 시간 동안에 몇 배나 많은 일을 할 수 있었다. 반대로 영국의 장군이었던 뉴캐슬 공작은 모든 일에서 질서와 체계가 없었기 때문에 패전의 고배를 마셨고 그 후 쓸쓸히 망명의 길을 떠나지 않으면 안 되었던 사실을 너 역시 알고 있을 것이다. 또한 영국의 수상을 지낸 로버트 월폴은 다른 사람보다 10배나 더 일을 많은 일을 하면서도 정해진 체계에 따라 일했기 때문에 한 번도 당황하는 모습을 보인 적이 없었다. 아무리 재능이 뛰어난 인물이라고 해도 일에 체계를 세우지 않으면 머릿속이 복잡해지고 결국에는 도중에 포기하고 만다.

내가 보건데, 너는 지금 다소 게으른 편이다. 그러니 이제부터라도 좀 더 성실해지기를 바란다. 자기 자신을 잘 컨트롤해서 어느 정도의 기간을 정하여 체계를 세워 일하는 방법을 시험해보기를 권한다. 그렇게 하다 보면 미리 체계를 세워놓고 일하는 것이 얼마나 편리하고 능률적인가를 알게 될 것이다. 그러면 그 후부터는 일의 체계를 세우지 않고는 아무런 일도 할 수 없게 될 것이다.

letter 9
# 승자는 열심히 일하고
# 열심히 즐긴다

 **우리의 인생에서** 오락과 유희는 모든 젊은이들이 한 번쯤은 부딪쳐야 할 암초와도 같은 것이 아닐까?

순풍에 돛단배처럼 '쾌락의 바다'에 출항한 것까지는 좋았지만 막상 정신을 차려보니 방향을 가늠할 수 있는 나침반도 없고 목적지까지 키를 조절할 수 있는 학식도 없다면 어떻게 될까. 그러면 애초에 목적했던 진정한 즐거움에는 이르지도 못하고 도중에 불명예스러운 상처만 입은 채 처음 출항했던 항구로 기진맥진하여 귀항하는 수밖에 없을 것이다.

이런 이야기를 하면 내가 마치 쾌락을 금하는 금욕주의자나 유혹에 빠지지 말라고 설교하는 목사님처럼 비쳐질 것만 같다. 하지만 나는 오히려 쾌락주의자에 더 가깝고 너에게도 즐기고 싶은 만큼 마음껏 즐기라고 권하고 싶다. 이 말은 진심이다. 나는 네가 원 없이 즐기기를 바란다. 다만 네가 잘못된 길로 빠지지 않도록 항로를 약간 수정해 주는 역할을 하고 싶을 뿐이다.

너는 어떤 일을 할 때 가장 즐겁게 느껴지느냐? 친한 친구와 푼돈을 걸고 즐기는 가벼운 카드게임이나 유머러스하고 품격 있는 사람들과 함께하는 즐거운 저녁식사나 학식이 풍부한 사람들과 나누는 의미 있는 대화에 관심을 가지고 있느냐?

나를 친구로 생각하고 아무런 거리낌 없이 말해주기를 바란다. 나는 네가 즐기는 유희에 일일이 간섭할 생각이 전혀 없다. 그보다는 네 인생의 항로를 잡아주는 길라잡이로써의 역할만은 이 아버지가 맡고 싶다.


대개의 젊은이들은 자칫 자신의 의지와 상관없이 형식적으로 유희를 선택하기 쉽다. 극단적인 경우에는 방탕한 생활을 유희라고 착각하는 경우도 있다.

너는 어떠하냐? 예를 들어 술은 정신을 몽롱하게 만들고 건강을 해치는 것이건만 음주를 유희로 생각하고 즐기는 것은 아니냐? 또 도박이나 여색에 탐닉하는 것을 일종의 유희라고 착각하고 있는 것은 아니냐?

너도 이미 짐작하고 있겠지만 지금 언급한 것들은 너의 건강과 건전한 식견을 위해 도움이 안 되는 유희일 뿐이다. 그런데 요즘 젊은이들은 대부분 그런 쓸모없는 유희에 정신이 빠져 있는 것 같다. 스스로 깊이 생각하지도 않고 그저 다른 사람들이 그것을 즐기니까 그저 따라하며 흉내를 낸다는 데에 문제의 심각성이 있다.

젊은 시절에는 재미있게 노는 모습이 자연스러운 것이다. 그러나 젊기 때문에 유희를 잘못 선택하거나 유희의 방향을 잘못 잡을 위험성이 다분한 것도 사실이다. 젊은 시절에는 '놀기 좋아하는 한량' 같은 사람들이 부러움의 대상이 될지 모르지만, 과연 그들은 자기 인생의 종착역을 알면서 그렇게 방종하게 생활하는 것일까?

옛날에 한 젊은이가 멋진 한량이 되고자 프랑스의 희극작가 몰리에르 원작의 연극 〈몰락한 방탕아Le Festin de Pierre〉를 보기 위해 극장에 갔다. 주인공의 방탕한 생활에 감동한 이 젊은이는 자신도 그렇게 살기로 결심을 한다. 주위에서 이 모습을 보다 못한 젊은이의 친구들은 '몰락한'은 떼어버리고 '방탕아'만으로 만족하라고 설득했다. 그러나 그는 큰소리로 소리쳤다.

"싫어! 안 돼! '방탕아'만으로는 안 돼! '몰락한'이 붙지 않으면 완전한 방탕아가 될 수가 없단 말이야!"

농담으로 흘려버릴지는 모르지만 우리 주변에는 이런 생각에 빠져 있는 젊은이들이 의외로 많다. 그들은 자신도 모르는 사이에 방탕의 늪에 빠져 헤어나지 못하다가 마침내 몰락의 길을 걷고 마는 것이다.

아버지로서 숨기고 싶은 이야기지만 너에게 도움이 될 것 같아 나의 경험에 대해 말해주고자 한다. 젊은 시절의 나도 다른 젊은이들과 마찬가지로 잘 노는 한량으로 비춰지기를 바라던 어리석은 시절이 있었다. 그래서 좋아하지도 않는 술을 취할 때까지 마셨고 다음날이면 숙취가 가시지도 않은 상태로 또다시 술을 마셔대는 생활을 한 동안 반복했다. 도박도 마찬가지였다. 돈은 풍족한 편이었기 때문에 돈 때문에 도박을 한 적은 없었지만 도박도 역시 신사들의 필수 요건이라는 생각에 한동안 빠져 있기도 했었다. 인생에서 가장 충실했어야 할 젊은 시절에 나는 어리석게도 그다지 좋아하지도 않는 도박에 빠져 세월을 보냈다. 비록 짧은 기간이었다고 해도 내가 바라는 인간상에 다가가기 위해 했던 일들이 그저 형식적인 겉치레에 불과했다는 것 때문에 새삼 수치스러움이 느껴진다.

젊은이들이 흔히 빠질 수 있는 일종의 유행병에 걸려 의미 없는 유희에 뛰어들었던 나는 결국 인생의 진정한 기쁨을 빼앗기고 말았다. 재산도 줄었고 건강도 나빠졌다.

아버지의 이 어리석은 경험담에서 과연 너는 어떤 교훈을 얻었느냐? 나는 진심으로 바란다. 너는 결코 다른 사람들이 하는 유희에 맹목적으로 휩쓸려서는 안 된다. 나 자신에 대한 신념을 항상 가져야만 한다.


만약 내가 지금의 네 나이라면 나는 어떤 일을 할 것인가? 우선 나는 겉으로 즐거워 보이는 유희가 아니라 마음속에서 즐거움이 우러나오는 유희를 선택하겠다. 그 가운데는 물론 친구들과 저녁식사를 하거나 술을 마시는 일도 포함되겠지만 결코 몸을 해치는 정도의 과음이나 과식은 하지 않을 것이다.

20대에는 다른 사람의 눈치를 보며 살 필요가 없다. 또한 상대에게 자기 방식을 강요하거나 상대를 비난함으로써 쓸데없는 미움을 살 필요도 없다. 너는 네 방식대로 살고 상대는 상대의 방식대로 살도록 그대로 내버려두면 된다. 그러나 건강만큼은 철저하게 조절하고 관리해야 한다.

도박도 가볍게 즐기는 것이라면 무방하다. 여러 분야의 사람들을 만나고 그럼으로써 사회적 친분을 쌓는 것도 중요한 일이다. 다만 도박에 거는 돈은 이기든 지든 생활에 절대 지장을 초래하지 않는 범위 내에서 신중히 해야 한다. 도박으로 이성을 잃고 서로 싸우는 일은 결코 있어서는 안 된다. 사려 깊고 교양 있는 사람과 대화를 나누는 것도 좋은 일이다. 가능한 나보다 뛰어난 사람과 만나고 대화를 하는 것이 좋다.

만약 내가 다시 네 나이로 되돌아가 인생을 살 수 있다면 정말로 참다운 유희를 즐기며 살고 싶다. 참다운 유희의 기쁨을 아는 사람은 술이나 도박 같은 유희에 지나치게 빠져들어 몸을 망치는 일이 없다. 참다운 유희의 기쁨을 모르는 사람만이 그러한 유희를 즐거움으로 착각한다.

예를 들어 교양을 갖춘 사람이 술에 완전히 취해 자신의 걸음걸이도 제대로 가누지 못하는 사람과 친하게 지내고 싶은 마음을 갖고 싶겠느냐? 스스로 감당하지도 못할 큰돈을 걸고 도박을 하다가 패하게 되면 상대에게 입에 담기조차 어려운 욕설을 퍼붓는 사람과 다시 상대하고 싶은 사람이 과연 있겠느냐?

네가 만약 이와 같은 방탕한 생활로 젊은 시절을 보낸다면 불행하게도 너는 진정한 친구 한 사람 얻지 못할 지 모른다. 정말 슬픈일 아니냐.

*letter 10*
# 패자는 허겁지겁 일하고
# 빈둥빈둥 논다

**참다운 유희로** 인생을 마음껏 즐긴다는 것은 좋은 일이다. 하지만 섣불리 다른 사람의 흉내를 내려고 해서는 안 된다. 그럴 때에는 가슴에 손을 얹고 한 번쯤 생각해보아야 한다. 정말로 자신에게 즐거운 것이 무엇인가를 자문해보고 그에 따라 행동하면 된다. 간혹 맹목적으로 유희에 빠져 사는 사람들이 있는데 그런 사람들은 결코 아무런 기쁨도 누릴 수 없다. 진지하게 자신의 일에 몰두하고 거기서 기쁨을 느낄 수 있는 사람만이 유희에서도 진정한 기쁨을 느낄 수 있다.

그런 의미에서 아테네의 장군이자 정치가인 알키비아데스는 진정으로 유희를 즐길 줄 아는 사람이었다. 그는 뻔뻔스러울 정도로 방탕했지만 자신의 철학이나 일에 대해서는 누구보다도 많은 시간을 할애하며 열정적이었다.

줄리어스 시저 또한 일과 유희 둘 모두에 나름대로 적절하게 시간을 안배함으로써 인생을 능률적으로 살았던 사람이다. 로마의 많은 여성들이 그를 사모했지만 그는 자신이 진정으로 사랑하는 연인에게서만 사랑의 기쁨을 느낄 수 있는 사나이였다. 또한 그는 일생 동안 훌륭한 학자로서의 지위를 쌓았고 뛰어난 웅변가이자 로마 최고의 지도자라는 평판을 얻었다.

놀고먹는 인생은 옳지 않을 뿐만 아니라 진정한 즐거움도 느낄 수 없다. 하루하루를 열심히 살아가는 사람만이 피곤한 몸과 마음을 유희를 통해 풀어놓을 수 있다. 돼지처럼 살찐 대식가나 늘 술에 찌든 주정뱅이나 혈색이 바란 호색한은 자신이 하고 있는 유희로부터 참다운 즐거움을 느끼지 못한다. 이런 사람들은 스스로의 정신과 육체를 탕진하고 있는 것이다.

지적 수준이 낮은 사람일수록 쾌락에만 탐닉하고 품위 없는 유희에 빠져 몸과 마음을 망친다. 반면에 지적 수준이 높은 사람들은, 즉 품위를 지키는 사람들은 보다 자연스럽고 세련되며 품격 있는 유희를 즐긴다. 유희는 결코 목적이 되어서는 안 된다. 유희란 휴식을 위해 잠시 숨을 돌리는 것으로 열심히 일한 시간에 대한 위로이자 포상이다.

너에게 조언하고 싶은 것은, 일하는 시간과 노는 시간이 분명하게 구분되어 있어야 한다는 점이다. 일이나 공부를 하는 시간, 학식인이나 명사와 대화를 나누는 시간은 아침이 좋을 것이다.

그리고 저녁식사 이후에는 휴식을 취하는 것이 좋다. 특별하게 급한 일이 없는 한 자신이 좋아하는 유희를 하면서 즐거운 시간을 보내는 것이다. 마음에 맞는 친구끼리 카드유희를 즐긴다든가 상대에 따라 스포츠나 남자다운 게임을 즐기는 것도 좋다. 연극을 관람하거나 음악을 감상하는 것도 좋다. 춤이나 식사, 동료와의 대화도 틀림없이 만족할 만한 저녁식사를 보장해줄 것이다. 때로는 매혹적인 여성들에게 뜨거운 시선을 보내는 것도 좋다. 하지만 너의 품위를 손상시키지 않고 나아가 너를 파멸의 길로 이끌지 않는 상대라야 할 것이다. 상대가 너에게 호감을 보일지 아닐지는 너의 수완에 달려 있다.

지금까지 말한 것들이 진정으로 분별 있고 유희의 즐거움이 무엇인지를 아는 사람이 인생을 사는 방법이다. 아침에는 일과 공부를 하고 저녁에는 사교와 유희를 하는 시간으로 구분지어 생활한다면 장차 훌륭한 사회인으로 인정을 받을 수 있게 될 것이다.

아침에 집중해서 공부를 한다면 1년 후에는 상당한 학식이 쌓일 것이다. 그리고 저녁에는 다양한 교제를 통해 또 다른 학식, 즉 세상에 대한 학식을 배우게 될 것이다. 오전에는 책에서 배우고 밤에는 사람에게서 배운다. 이것을 제대로 실천하려면 아마도 너에게는 한가하게 보낼 시간이 없을 것이다.

나도 젊은 시절에는 정말로 놀기를 좋아했고 여러 부류의 사람들과도 사귀는 것을 좋아했다. 그런 일에서 나만큼 많은 시간과 노력을 투자한 사람도 드물 것이라고 생각한다. 때로는 지나칠 정도라고 생각할 때도 있었다.

그러나 꼭 한 가지, 공부하는 시간만큼은 어김없이 지켰다. 공부하는 시간이 모자라면 잠자는 시간을 줄였다. 전날 밤에 늦게 잠자리에 들었어도 다음날 아침에는 반드시 일찍 일어나는 습관은 40년 이상 지켜온 나의 오랜 생활방침이다.

너는 내가 절대로 공부만 하라고 말하는 완고한 아버지가 아니라는 사실을 알 수 있을 것이다. 이제껏 너에게 한 말은 모두 아버지로서보다는 가까운 친구의 입장에서 한 조언이라는 점을 꼭 알아줬으면 한다.

*letter 11*
# 불가능이란
# 노력하지 않는 자의 변명이다

　　　　　　　　　　　며칠 전에 하트 씨로부터 네가 모든 면에서 잘하고 있다는 편지를 받았다. 내가 얼마나 기뻤는지, 너를 얼마나 자랑스러워하는지 알 수 있겠니? 그러나 정작 당사자인 네 자신이 그런 성실함에 대한 기쁨을 느끼지 못한다면 나는 커다란 실망감을 느낄 것이다. 왜냐하면 너 자신의 만족감과 자부심이 없다면 스스로 면학에 열중할 수 없을 것이기 때문이다.

　하트 씨의 말에 따르면, 너는 아주 열심히 공부하고 있고 이제는 학업에 임하는 자세도 잘 잡혔으며 이해력과 응용력도 향상되었다고 하더구나. 그렇다면 그만큼의 즐거움이 따르는 것이 당연하며 그 즐거움은 네가 노력하면 할수록 훨씬 더 커질 것이다.

너에게 항상 당부하는 말이지만 무슨 일이든 어떤 일을 할 때는 오직 그것에만 집중하는 것이 중요하다. 이것은 비단 공부에만 해당되는 것이 아니다. 유희도 마찬가지다. 유희 역시 공부와 마찬가지로 집중해서 열심히 하기 바란다. 어느 한 쪽도 집중해서 열심히 하지 못하는 사람은 그 어떤 발전이나 만족감 또한 얻지 못할 것이다. 그때그때의 상황에 정신을 집중하지 못하거나 언제나 다른 일들 때문에 머리가 복잡한 사람은 일이나 공부뿐만 아니라 유희도 제대로 즐기지 못할 것이다.

파티나 회식 자리에서 누군가 머릿속에 기하학 문제를 떠올리고 있다고 상상해보아라. 그런 사람은 함께 있는 사람들에게 불쾌감을 줄 뿐만 아니라 결국 다른 사람들로부터 따돌림을 당하게 될 것이다. 수학 수업을 듣는 시간에 음악 시간에 배운 노래를 떠올린다면 그 사람은 결코 훌륭한 수학자가 되지 못할 것이다.

한 번에 한 가지씩만 처리하고자 마음먹는다면 하루에 여러 가지 일을 해낼 수 있을 것이다. 그러나 한 번에 여러 가지 일을 동시에 처리하려고 하면 1년이 걸려도 시간이 모자라는 법이다.

법률 고문인 위트 씨는 나랏일을 거의 혼자서 도맡아했음에도 불구하고 빈틈없이 일을 잘 처리했을 뿐만 아니라 저녁 모임이나 다양한 만찬에도 빠짐없이 참석했다. 누군가 "도대체 당신은 어떻게 시간을 활용하고 있습니까?" 하고 묻자 위트 씨는 "그건 별로 어려운 일이 아닙니다. 한 번에 한 가지씩만 하되, 오늘 할 일을 절대 내일로 미루지 않는 것입니다" 하고 대답했다고 한다.

우리 주변에는 하루 종일 바쁘게 돌아다니지만 막상 잠자리에 들어 하루를 돌이켜보면 아무것도 해놓은 일이 없다고 말하는 사람이 적지 않다. 이들은 하루에 두세 시간씩 책을 읽어도 눈동자만 활자를 쫓고 있을 뿐이지 머릿속에는 아무것도 들어가지 않는다. 그러므로 나중에 무엇을 읽었는지 기억을 더듬어도 잘 생각나지 않는다.

사람과의 대화에서도 그러한 습관은 마찬가지로 드러난다. 스스로 대화에 집중하고 적극적으로 참여하려고 하지 않기 때문에 결국 이야기를 나누고 있는 상대를 제대로 관찰하지도 않고 대화의 내용을 정확하게 파악하려고 하지도 않는다. 이런 사람들은 늘 대화의 내용과 무관한 다른 무엇인가를 생각하고 있다. 심지어는 머릿속이 텅 비어 전혀 아무것도 생각하지 않는 경우도 있다. 그리고 나중에 그 상황을 얼버무리며 "잠깐 깜박해서……"라든지 "다른 일 때문에 신경이 쓰여서……"라고 말한다. 이런 사람은 극장에 가서도 영화는 보지 않고 관객이나 조명에만 신경을 쓰는 경우가 많다.

바라건대 너는 부디 그런 일이 없도록 해라. 다른 사람과 만나서 대화를 나눌 때도 공부를 할 때와 마찬가지로 정신을 집중하기 바란다. 공부를 할 때는 책에 주의를 집중하고 그 내용을 잘 새겨야 하듯이 사람과 만나 대화할 때도 보는 것과 듣는 것 모두에 주의를 기울이는 자세가 중요하다.

어리석은 사람들은 흔히 눈앞에서 나눈 대화나 일어난 일에 대해 집중하지 않고 넋을 놓고 있다가 "다른 중요한 일을 생각하느라고 그만 깜박했군요" 하는 식으로 어줍지 않게 변명을 늘어놓는다. 다른 중요한 일을 생각할 것이라면 무엇 때문에 이곳에서 대화를 나누고 있다는 말인가? 처음부터 만날 필요가 없지 않았는가? 사실 이런 사람들은 다른 일을 생각하고 있었던 것이 아니라 애초부터 머리가 텅 비어 있는 사람이라고 생각한다.

이런 부류의 사람들은 유희나 일, 그 어느 것에도 정신을 집중하지 못하며 늘 정신이 산만해져 있기 때문에 일과 유희 모두에 능숙하지 못하다. 결국 이런 사람들은 놀고 있는 사람과 함께 있으면 자기 자신도 놀고 있다는 착각에 빠지고, 일이 있으면 일이 있는 것 자체로 자기가 지금 무슨 일이라도 하고 있는 것처럼 착각에 빠진다.

자기 일에 정신을 집중하는 것이 중요하다. 무슨 일이든 일단 그 일을 해야겠다고 마음을 먹었다면 모든 정신을 집중해라. 상대의 말을 들을 때는 단 한마디도 빠뜨리지 말아야 하고 눈앞에서 펼쳐지는 일은 단 하나라도 함부로 흘려보내서는 안 된다.

호라티우스의 작품을 읽고 있을 때는 그 내용의 옳고 그름을 생각하면서 읽고 그 속에 있는 멋진 표현이나 시의 아름다움에 흠뻑 빠져들어라. 한 작품을 읽으면서 다른 작품을 떠올려서는 안 된다.

책을 읽을 때는 다른 사람을 생각해서는 안 되고 다른 사람과 대화를 나눌 때는 읽었던 책을 생각하지 말아야 한다.

letter 12
# 돈은 훌륭한 하인이지만
# 나쁜 주인이기도 하다

 너도 이제 성년의 나이에 접어들었다. 그러므로 앞으로는 네게 송금할 돈의 내역에 대해 설명해야겠다. 그래야 너도 송금되는 돈의 액수에 따라 용돈의 지출 계획을 세울 수 있을 것이기 때문이다.

나는 네가 학업을 하는 데 필요한 돈과 사람을 만나 교제를 하는 데 필요한 비용에 대해서는 아끼지 않을 생각이다. 학업에 필요한 돈이란 책을 구입하고 우수한 선생님께 지도를 받을 수 있는 교육비와 또한 그곳에서 훌륭한 사람들과 만나서 교제하는 데 드는 비용, 즉 숙박비와 교통비, 의복비 등도 이에 포함될 것이다.

그리고 교제에 필요한 돈이란 '지적인' 교제에만 해당하는 것이다. 즉 건전한 교제에 따르는 비용, 공연의 관람비나 유희 비용, 가벼운 오락이나 게임에 드는 비용 그리고 기타 비상금이 그런 용도로 쓰일 것이다. 불우한 사람들을 돕기 위한 돈이나 신세를 진 사람들에게 보내는 선물 등의 비용도 포함될 것이다.

불명예스러운 다툼이나 게으르게 보내는 시간을 위해 쓰이는 돈은 절대 보내지 않을 것이다. 현명한 사람은 자신의 명예를 더럽히는 일이나 자신에게 도움이 되지 않는 일에는 절대로 돈을 낭비하지 않는다. 그런 곳에 돈을 낭비하는 사람은 어리석기 짝이 없다. 현명한 사람은 시간이나 돈을 절대로 낭비하지 않으며, 단 1분의 시간도 단 한 푼의 돈도 헛되이 쓰지 않는다. 자신이나 다른 사람을 위해 유익한 일, 지적인 기쁨을 얻을 수 있는 일에 돈을 쓴다.

그러나 어리석은 사람은 쓸데없는 일에 돈을 쓰다가 정작 필요한 일에는 쓸 돈이 없게 된다. 예를 들면 잡화상에 진열되어 있는 물건들이 그렇다. 담뱃갑이나 패션 시계, 불필요한 액세서리와 같이 쓸모없는 물건들에 마음이 사로잡히게 되면 머지 않아 아주 곤란한 상황에 처하게 될 것이다. 어리석은 사람들의 이러한 심리를 잘 알고 있는 가게 주인이나 종업원들은 그들의 주머니를 노리고 달라붙는다. 마침내 정신을 차렸을 때는 주변에 온통 쓸모없는 물건들이 가득 차 있을 뿐 정작 필요한 것, 안식을 가져다주는 물건은 아무것도 없게 마련이다.

돈이란 아무리 풍족해도 돈을 쓰는 올바른 방법과 돈에 대한 철학을 갖추고 있지 못하면 최소한의 필수품조차도 제대로 구입하지 못하게 된다. 그러나 반대로 아무리 적은 액수의 돈이라도 나름대로 돈에 대한 철학이나 올바르게 쓰는 방법을 안다면 최소한의 필수품은 충족시킬 수 있다.

그리고 가능한 돈을 지불할 때는 현금으로 지불하는 것이 좋으며 대리인을 통하지 말고 자기가 직접 지불하는 것이 좋다. 대리인을 통하면 부득이한 수수료와 사례금 등이 지출될 수 있기 때문이다. 어쩔 수 없이 외상을 했을 경우에는 반드시 다달이 자신이 직접 지불하는 것이 좋다.

물건을 구입할 때는 값이 싸다는 이유로 불필요한 물건을 사는 일이 없도록 해야 한다. 그것은 절약도 아니고 현명한 지출도 아니며 오히려 돈을 낭비하는 일이다. 또한 자존심을 만족시키기 위해 필요도 없는 값비싼 고가품을 사는 일도 있어서는 안 된다. 그리고 자기가 지출한 돈의 출납부를 작성하는 습관을 길러라. 돈의 출납 현황을 파악하고 있으면 결코 파산하는 일은 없을 것이다. 꾸준하게 돈의 출납부를 작성하다 보면 돈이 어디서 들어오고 어디로 새어나가는지를 알게 되어 돈의 량과 속도를 조절할 수 있게 된다.

예를 들어 쌀농사를 지을 때 가장 중요한 것이 논의 물이 고갈

되지 않도록 조절하는 것이다. 논에 물이 부족할 경우 물을 댈 상류 쪽 수로를 확장하여 기존보다 많은 물이 흐르도록 하거나 새로운 수로를 만들면 된다. 그런데 이것이 어려울 경우 물이 빠져나가는 하류 쪽 수로를 막거나 최소한의 물만 빠져 나가도록 관리하여야 한다.

돈관리도 이와 비슷하다. 돈이 들어오는 파이프 수를 늘리거나 그 크기를 확장하면 되지만, 이것이 어려울 경우 돈이 빠져나가는 파이프 수를 줄이거나 파이프 구멍의 크기를 좁히는 작업이 필요하다. 돈에 대하여 이러한 역할을 하는 것이 바로 돈의 출납부를 작성하는 일이다.


현명한 사람은 사물을 있는 그대로 파악한다. 그러나 어리석고 무지한 사람에게는 사물을 있는 그대로 파악하는 일이 불가능하다. 마치 현미경을 통해 보듯이 무엇이든 확대되어 보인다. 작은 것이 실제보다 더 크게 보이는 것뿐이라면 그나마 다행이지만 극단적인 경우에는 지나치게 확대되어 아예 눈에 보이지도 않게 된다.

많지도 않은 돈 때문에 너무 인색하게 굴다가 그로 인해 싸움까지 하는 사람이 그 좋은 예다. 그러면서도 정작 자신은 자기가 수전노로 불리고 있다는 사실조차 깨닫지 못한다. 그런 사람은 자기 자신에게도 너무 인색하여 자기 주변의 가까운 곳에 있는 소중한 것들을 보지 못한다.

무슨 일에서든지 '자기의 분수에 맞게'라는 말이 있다. 분수에 맞는 행동이란 어떤 행위를 하고자 할 때 그 행위에 걸맞는 능력을 가지고 있는지 헤아린 다음 행동하여야 한다는 뜻이다. 건전하고 신념이 확실한 사람이라면 스스로 자기가 가진 능력의 한계를 알고 있다. 때로는 그 경계선이 너무나 애매모호하기 때문에 분별력이 있는 사람이라도 세심한 주의를 기울여 그 경계선을 찾으려고 하는데, 인생을 대충대충 사는 사람의 눈에는 그 경계선이 제대로 보일 리가 없다.

나는 네가 자신이 가진 능력의 한계가 어디까지인지 분명히 알고 있을 것이라고 생각한다. 그 능력의 한계에 대해 항상 주의를 기울이기 바란다. 스스로 네 인생을 책임질 수 있을 때까지는 하트 씨에게 종종 자문을 구하고 궤도를 수정해라.

항상 자기 분수를 알고 그에 걸맞게 능력을 발휘하는 사람이 역사에 찬란한 족적을 남긴다는 것을 명심하기 바란다.

# 제4장
# 젊었을 때 해두지 않으면 안 될 일들

*letter 13*
# 과거의 흥망은
# 미래의 교훈이다

**프랑스 역사에 대한** 너의 고찰은 참으로 훌륭하구나. 특히 감탄스러운 사실은 책을 읽고 줄거리만 파악하는 것에서 끝나지 않고 그 내용에 관해 깊이 있게 고민했다는 점이다.

책을 대할 때 자기 나름의 판단을 갖고 생각하며 읽는 것이 아니라 그저 막연하게 암기하는 식으로 읽는 것에 그치는 사람들이 많다. 그런 사람들의 두뇌는 단지 잡다하고 불필요한 정보를 쌓아두는 창고에 불과할 뿐이기 때문에 잘 정돈된 방처럼 필요한 학식을 그때그때 상황에 맞게 꺼내어 활용할 수가 없다.

지금 네가 하고 있는 독서법을 그대로 지속해주기 바란다. 저자의 이름이나 명성만으로 책의 내용을 무조건 받아들여서는 안 되며 내용의 정확성과 저자의 고찰이 진정 합당한 것인지를 정확하게 판단하기 바란다.

하나의 역사적 사실에 대해 여러 권의 책을 찾아보고 연구하여 거기서 얻어진 정보를 종합하고 자신의 의견까지 덧붙일 수 있어야 한다. 내가 볼 때 우리가 역사를 공부하는 범위는 거기까지라고 생각한다. 유감스럽게도 '역사적 진실'을 규명하는 것은 실제로 불가능한 일이다.


역사책을 읽을 때는 그 역사적인 사건의 동기나 원인이 기록되어 있기 마련인데, 그것을 아무런 판단 없이 곧이곧대로 받아들여서는 안 된다. 스스로 그 사건과 관련된 인물의 사고방식이나 이해관계를 추론해보고 저자의 고찰이 과연 옳은지 아니면 그밖의 다른 동기나 원인이 있을 가능성은 없는지를 생각해보는 것이 필요하다.

그것이 비록 비굴한 동기이거나 사소한 원인이더라도 이를 간과해서는 안 된다. 왜냐하면 인간이란 복잡미묘하고 모순투성이인 존재이기에 인간의 감정은 즉흥적이기 쉽고 의지는 박약하며 마음은 몸의 건강에 의해서 좌우되는 경우가 많기 때문이다.

말하자면 인간이란 일관성이 없고 감정의 기복이 무척 심한 동물이다. 아무리 훌륭한 사람이라도 자세히 보면 보잘것 없는 면이 있고 아무리 하찮은 사람이라도 어떤 면에서는 훌륭한 부분을 가지고 있다. 그러므로 아무리 쓸모없는 인간이라고 해도 분명 어딘가에 장점을 갖고 있으며 뜻밖의 훌륭한 일을 해낼 수도 있는 것이다. 그것이 바로 인간의 진정한 모습이다.

그런데 우리는 일반적으로 역사적 사건의 원인을 규명할 때 좀 더 높은 차원의 동기를 찾고자 하는 경향이 있다. 가령 '루터의 종교개혁이 그의 금전적 욕망의 좌절이 원인이었다는 사실'이라는 정도일지도 모르는 것이다. 그럼에도 불구하고 스스로 역사학의 대가라고 뽐내는 사람들은 역사적으로 커다란 사건뿐만 아니라 아주 작고 사소한 사건에까지 깊은 정치적 동기가 있는 것처럼 기술한다. 이것은 참으로 가소로운 일이 아닐 수 없다.

인간은 모순투성이의 존재다. 인간의 행동이 언제나 자기가 갖고 있는 우수한 면에 따라 진행되는 것은 아니다. 현명한 인간이 때로는 매우 어리석게 행동하는 경우도 있고 그 반대의 경우도 있다. 모순된 감정에 사로잡히거나 그날그날의 건강이나 정신 상태에 따라 변하는 것이 인간이다. 이렇게 불완전한 존재인 인간이 벌이는 역사적 사건을 두고 진실과는 거리가 먼 더 높은 차원의 동기를 찾아내려고 애쓰는 것은 모순이라고 생각한다.

맛있는 음식을 먹고 상쾌한 수면을 취하고 날씨가 맑은 날에는 신사처럼 행동하던 사람이, 배고프고 지치고 우중충한 날에는 아주 나약한 겁쟁이로 전락해버리는 경우도 있다.

그러므로 인간의 행위에 대한 실체는 아무리 규명하려고 해도 그것은 어디까지나 추측의 영역을 벗어나기 힘들다고 생각한다. 단지 어떤 사건이 있었다는 사실을 아는 정도가 고작이며 그 해석도 나약한 인간의 감상에 불과하다.

로마의 황제 시저는 23인의 음모로 살해당했다. 그것은 의심의 여지가 없다. 그러나 음모를 꾸민 자들의 살해동기가 그들이 표방한 것처럼 진정으로 자유와 로마를 사랑했기 때문이었을까? 이에 대해서는 누구도 '그렇다'고 단정할 수 없을 것이다.

사건의 진상이 밝혀진다면 주동자인 부르터스가 품고 있던 시저에 대한 개인적인 자존심이나 질투심, 절망이나 원망 같은 여러 가지 요인들이 그 원인에 포함되지 않을까?


좀 더 회의적인 시각으로 볼 때 역사적 사실로 받아들여지는 것들 또한 의심스럽게 생각되는 경우가 적지 않다. 적어도 그 사실과 관련된 배경만이라도 회의적인 시각으로 자세히 들여다보면 역사라는 것이 얼마나 신빙성이 희박한 것인가를 쉽게 알 수 있다.

가령 최근 일어난 사건에 대해 몇몇 사람이 증언한다고 할 때 과연 그들의 증언이 모두 사실로써 일치하겠는가 하는 문제다.

아마도 그렇지 않을 것이다. 왜냐하면 그들 가운데는 사건에 대해 착각을 하고 있는 사람도 있을 것이고 증언을 할 때 느낌의 차이가 있는 사람도 있을 것이며, 생각이 변해 왜곡된 증언을 하는 사람도 있을 것이기 때문이다. 또한 증언을 기록하는 속기사가 공평하게 기록할 것이라는 보장도 없다.

이런 맥락에서 볼 때 모든 역사학자가 공정하게 역사를 기록할지는 의문이다. 역사적 사건의 기록을 자기 지론에 입각해서 일관되게 전개해나가고 싶은 생각이 들 수도 있고 그것을 짧게 결론짓고 싶은 생각이 들지도 모른다. 그럼에도 불구하고 흥미로운 사실은 프랑스 역사책 각 장의 서두에는 '이것은 진실이다'라는 구절이 반드시 들어가 있다는 점이다.

그러므로 역사책을 읽을 때는 무엇보다도 자기 스스로 분석하고 판단하는 능력을 갖추는 것이 중요하고 저자의 명성만으로 그 내용을 옳다고 그대로 받아들이는 것은 곤란하다.

그렇다고 역사 공부가 쓸데없는 것이라고 말하는 것은 아니다. 모든 사람들이 인정하는 역사적 사실이라는 것은 엄연히 존재하며 세인들의 입에 회자되는 역사책은 반드시 읽어두는 것이 좋다.

가령 여러 역사학자들이 '시저의 망령이 브루터스 앞에 나타났다'고 기록하고 있지만 사실 나는 그런 이야기를 결코 믿지 않는다. 그럼에도 불구하고 그런 기록이 세인들 사이에서 회자되고 있다는 사실조차도 모른다는 것은 더욱 수치스러운 일이다.

그밖에도 역사학자가 기록했다는 한 가지 이유만으로 다른 모든 사람들이 불신하고 있는 것을 사실인 것처럼 화제에 올리거나 인용하는 경우도 있다. 신화 같은 것이 그런 경우다.

역사를 보는 시각이 아무리 회의적이라 할지라도 이처럼 널리 알려진 역사적 사실에 대해서는 공부를 해둘 필요가 있다. 아마도 역사는 인간이 살아가는 데서 그 어떤 학문보다도 가장 가치 있는 학문일 것이다.


과거에 그랬으므로 현재에도 그럴 것이라고 단정해서 말하는 것은 곤란하다. 현재를 과거에 비추어 생각하는 것은 좋은 방법이지만 무엇보다 신중하게 검토해야 한다.

과거에 있었던 사건의 진상을 아무리 명백하게 규명하더라도 그 진의를 철저하게 알아내기는 어렵다. 그것은 어디까지나 '추측'에 불과할 뿐이며 게다가 명확한 원인을 규명하는 일은 훨씬 더 어렵다. 우선 과거의 증언은 현재의 증언에 비해 애매모호하며 또 시간이 오래될수록 신빙성도 역시 떨어진다.

저명한 학자들 가운데는 공公과 사私를 막론하고 상황이 비슷하다는 이유만으로 아무런 검증도 없이 과거의 사례를 인용하는 경우가 있다. 그들이 미처 생각하지 못한 것은 천지가 창조된 이

래로 이 세상에서 똑같은 사건이 일어난 적은 한 번도 없었다는 사실이다. 더구나 그러한 역사를 기록한 역사학자 또한 없다. 그러므로 그런 식의 논쟁 자체가 무의미하다.

과거의 사례를 인용할 때는 옛날의 학자가 기록했으므로, 또는 어느 시인이 썼으므로 하는 식이 되어서는 안 된다. 모든 사물은 저마다 서로 다르므로 그것을 논할 때는 개별적으로 논해야 한다. 비슷한 점을 참조하는 것은 좋지만 그것을 판단의 근거로 삼아서는 안 되는 것이다.

*letter 14*
# 역사 공부를
# 어떻게 할 것인가

**다시 한 번 강조하지만** 역사를 배우는 것은 매우 중요한 일이다. 세간에 널리 알려진 역사적 사건은 명망 있는 역사학자의 저서를 통해 공부하는 것이 바람직하다. 그것의 사실 여부를 떠나서 우선 학식을 쌓는 것이 중요하다.

그렇다면 과연 역사를 어떻게 공부할 것인가. 이 문제에 대해 너는 어떻게 접근하고 있느냐? 어떤 사람은 시간과 노력을 절약하기 위해 커다란 사건만을 중심으로 역사를 공부하고 또 어떤 사람은 대충 연대기만을 훑어보는 사람도 있다. 반면에 어떤 사람은 전체적으로 역사적 사건들을 두루 섭렵한다.

그러나 나는 다른 방법을 권하고 싶다. 먼저 각 나라의 개략적인 역사를 공부하고 나서 대강의 개요를 파악했다고 생각하면 핵심적인 사건, 즉 국가정보, 왕위계승, 정치체제의 변화 등 굵직한 사건들을 가려낸다. 그런 다음, 그 사건들에 대해 상세하게 기록해놓은 논문집이나 역사책을 집중적으로 파고든다. 이 시점에서는 스스로의 고찰 능력이 중요하다. 끝으로 무엇보다 중요한 것은 역사적 사건의 원인을 규명하고 그 사건으로 인해 어떤 결과가 초래되었는지 스스로 결론을 이끌어내는 과정이다.

프랑스 역사에 대해서는 르 장드르가 쓴 아주 쉬운 역사책이 있다. 그 책을 읽으면 프랑스 역사가 어떠했는지를 대강 알게 될 것이다. 그 다음 단계로는 메제레이의 역사책이 도움이 될 것이다. 그밖에도 연대별, 혹은 중요 사건별로 상세히 기록된 역사책이나 개인의 정치적 관점에서 쓰인 논문들도 많이 있다.

근대사를 다룬 책으로는 필립 드 코미느의 회고록을 비롯하여 루이 14세 때에 씌어진 역사책들도 상당히 많다. 그 가운데서 적당히 선택해서 읽는다면 한 시대와 그와 연관된 사건들을 구체적으로 파악할 수 있을 것이다.

그리고 만약 프랑스에서 여러 계층의 사람들과 만나 대화를 나눌 기회가 주어진다면 역사에 관한 이야기를 화제로 삼는 것도 좋은 방법이다. 비록 역사에 대해 잘 모르는 사람일지라도 자기

나라의 역사에 대해 관심이 있을 것이고 아주 사소한 것이라도 알고 있을 것이다.

설령 역사책을 단 한 권밖에 읽지 않은 사람 −실제로 그런 사람이 의외로 많다− 이라도 스스로 역사책을 읽었다는 사실을 자랑스럽게 여기고 기꺼이 너의 질문에 답해줄 것이다. 프랑스 여성들은 평소에 역사책을 많이 읽고 있으므로 너의 사교생활에도 많은 도움이 될 것이다. 사람들과의 대화를 통해 현장에서 습득한 학식은 책에서는 배울 수 없는 또 다른 살아 있는 생생한 학식을 제공할 것이다.

letter 15
# 독서는
# 완성된 인격을 만든다

　　　　　　　　　　　　우리가 속해 있는 이 사회는 마치 한 권의 책과도 같다. 내가 지금 권하고 싶은 책은 바로 '사회'라는 제목의 책이다. 이 '사회'라는 제목의 책에서 네가 얻게 될 학식은 지금까지 출간된 어떤 책 속에서 얻을 수 있는 학식보다도 훨씬 더 많은 도움을 줄 것이다. 그러므로 훌륭한 사람들과 만나는 모임이 있을 때는 지금 읽고 있는 책이 아무리 큰 학식을 담고 있다고 해도 덮어두고 우선 그곳에 참석하는 것이 바람직하다. 그렇게 하는 것이 책에서 학식을 얻는 것보다 몇 배나 값진 공부가 될 것이다.

　우리들은 여러 가지 일로 바쁘지만 누구나 하루의 일상 동안에 잠시 쉴 수 있는 시간이 있기 마련이다. 그리고 그런 시간을 활용하여 독서를 한다는 것은 더 없는 안식이자 기쁨이다. 하루 가운데 얼마 안 되는 시간을 어떻게 활용하여 독서를 할 것인가를 몇 가지 요점을 통해 설명하겠다.

한 권의 책을 읽을 때는 목표를 세우고 그 목표를 달성하기 전까지는 다른 책에 눈을 돌리지 말고 집중해서 읽어야 한다. 현대사에 대한 지식을 얻고자 한다면 현대사 가운데 특히 중요하고 관심을 끄는 사건을 체계적으로 저술한 책을 구분지어 읽어가는 방법이 좋을 것이다.

가령 베스트팔렌 조약에 초점을 맞추었다면 그와 관련된 책 외에는 일체 손대지 말고 정평이 난 역사책이나 회고록, 문서, 문헌 등을 체계적으로 읽고 비교하면 좋을 것이다.

그러나 독서법을 연구하기 위해 따로 시간을 들일 필요는 없다. 고유의 방법으로 남는 시간을 유용하게 활용할 수 있다면 그것으로 좋다. 다만 독서의 효과라는 측면에서 보면 한꺼번에 여러 가지 주제를 읽는 것보다는 하나의 주제에 집중해서 체계적으로 읽어가는 것이 보다 능률적이라는 의미다.

여러 책을 읽다 보면 서로 내용이 상반되고 모순점이 발견되는 경우도 있다. 그럴 때에는 유사한 종류의 다른 책을 찾아보는 것이 좋다. 그것은 문제의 핵심을 벗어나는 것이 아니라 오히려 내용을 더 명확하게 파악할 수 있는 방법이기 때문이다.

예를 들어 어떤 것에 대한 독서를 하면서도 도무지 머릿속에 들어오지 않는 경우가 있다. 그러나 같은 책이라도 정치인들 사이에 화젯거리가 되거나 논쟁의 대상이 되는 경우라면 그 책이나 그와 연관된 책을 읽은 후에 사람들을 통해 이야기를 듣게 되면 미처 파악하지 못했던 논점들이 입체적으로 머릿속에 들어오는 경우가 있다. 그렇게 얻어진 학식은 의외로 완벽하여 쉽게 잊어버리지 않는다. 그런 의미에서 사건이 발생한 현장에 직접 가보고 현지인들의 이야기를 듣는 것도 좋은 방법이다.

네가 사회인이 된 후 독서를 할 때 유의해야 할 점을 세 가지만 말해주고 싶다.

첫째, 사회에 첫걸음을 내디딘 다음에는 예전처럼 책을 많이 읽을 필요는 없다. 독서보다는 많은 사람들을 만나 대화를 통해 직접 정보를 수집하는 편이 좋다.

둘째, 유익하지 않은 책은 절대로 읽을 필요가 없다.

셋째, 네가 원하는 하나의 주제를 선택해서 그와 관련된 책을 체계적이고 집중적으로 읽어야 한다.

이상이 아버지가 너에게 바라는 독서법에 관한 조언이다.

letter 16
# 무지보다
# 허위의 지식을 더 경계하라

아마 이 편지가 도착할 때쯤이면 너는 베니스에서 로마로 떠날 채비를 하고 있겠구나. 지난 번 편지에서 하트 씨에게도 당부했었지만 베니스에서 로마로 가는 길에 아드리아해를 지날 때 로레토, 리미니, 앙코나가 있는데, 그곳은 굳이 날을 잡아 머무를 정도는 아니지만 한 번 둘러볼 가치가 있는 곳이다.

근처에는 고대 로마의 훌륭한 유적과 빼어난 건축, 조각, 회화 등이 많으니 어느 것 하나라도 그냥 지나치지 말고 유심히 살펴보길 바란다. 시간은 많이 걸리지 않겠지만 세밀히 살펴보아야 할 것도 있으므로 유의해라.

젊은이들은 경솔하고 주의력이 부족한 까닭에 무엇이든 쉽게 흘려보는 경우가 있다. '눈으로 봐도 보이지 않고 귀로 들어도 들리지 않는다'는 말이 있다. 장님 코끼리 만지기 식으로 보거나 소 귀에 경 읽기 식으로 들을 바에는 차라리 보지도 듣지도 않는 편이 낫지 않겠느냐?

그런 의미에서 네가 나에게 보내준 여행기는 정말로 훌륭하더구나. 너는 여행지를 제대로 관찰했고 여러 가지 의문점도 역시 가지고 있는 듯 하구나. 여행의 목적이란 바로 그런 점이라고 할 수 있다.

여행을 하며 이곳저곳 전전하기만 할 뿐, 유흥이나 숙소에만 정신이 팔려 있다면 이는 참다운 여행자의 자세가 아니며 여행에서 돌아왔을 때는 정작 아무런 소득도 없다. 또한 여행지에서 본 교회의 높은 첨탑이나 아름다운 시계, 호화로운 저택 등의 겉모양에만 눈치레를 했다면 진정한 여행을 했다고 말할 수 없다. 그런 것을 보기 위해 여행을 떠나느니 차라리 집에 있는 편이 나을 것이다.

여행지에서 그 고장 특유의 풍습이나 타 지역과의 차이점, 특산물, 교역, 헌법, 정치형태 등을 자세히 관찰하거나 그 고장의 유명인사와 깊이 교류하고 독특한 예의범절이나 현지인들의 품성까지도 잘 이해하고 돌아오는 사람이야말로 여행의 진정한 목적을 이룬 사람이라고 할 수 있다. 이렇게 여행을 하고 돌아온 사람은 떠나기 전보다 훨씬 더 현명해져 있을 것이다.

로마는 인간의 다양한 감정체계가 생생하게 표현되어 아름다운 예술로 승화된 도시다. 로마와 같은 도시는 세상에 그리 흔하지 않다. 그러므로 로마에 있을 때는 캐피탈이나 바티칸 궁전, 판테온 등을 구경하는 것만으로는 부족하다. 로마를 관광 하기 위해서는 시간과 공을 들여 정보 수집을 할 필요가 있다. 로마제국의 본질, 교황의 권력과 흥망성쇠, 추기경의 책략, 궁정의 정책, 교황 선거를 위한 추기경 회의의 비화秘話 등 절대 권력을 자랑하던 로마제국의 역사는 무엇이든 깊이 파고드는 것이 좋을 것이다.

어떤 고장을 가더라도 그 지역의 과거와 현재에 이르기까지의 역사를 간단히 소개한 소책자가 있기 마련이다. 미흡하더라도 먼저 그 책자를 읽어두면 많은 도움이 될 것이다. 그리고 더 자세히 알고자 한다면 그 고장 사람들에게 직접 물어보면 된다.

그렇다. 모르는 점이 있으면 그 고장에 정통한 사람에게 물어보는 것이 최선이다. 책이란 아무리 자세히 기록했다고 해도 완벽한 정보를 제공하지는 못한다.

영국에도 자국의 현황을 상세하게 소개하는 소책자가 여러 권 출간되어 있다. 그러나 그런 책자들 중에는 정보서로써 완전하지 못한 것들이 너무 많다. 그 책자들을 쓴 사람들이 자국의 현황에 대해 그다지 정통하지 못하거나 정통하지 못한 사람들이 쓴 책을 그대로 베껴 놓았기 때문이다. 그렇다고 그런 책자를 읽을 가치가 전혀 없다는 의미는 아니다. 읽어보면 전혀 모르던 고장에 대해 어느 정도 알 수도 있고 읽지 않았더라면 아예 알 수 없었을 학식들도 들어 있다.

의심나는 부분이 있으면 단 한 시간이라도 좋으니 프랑스 정세에 정통한 그곳의 지식인에게 물어보아라. 프랑스에 있는 책을 모조리 읽어도 알 수 없는 프랑스의 국내정세를 조금은 알 수 있게 될 것이다.

만일 군사력에 대한 학식이 필요하다면 프랑스 군 장교에게 문의하면 좋을 것이다. 사람이라면 누구나 자기 직업에 특별한 애착을 가지고 있기 때문에 그에 관련한 이야기를 나누는 것을 싫어하지 않을 것이다. 개중에는 자기 직업과 연관된 이야기가 나오면 저절로 신바람이 나서 모든 것을 드러내놓고 이야기하는 경우도 있다. 질문은 네가 궁금해 하는 모든 것을 풀어줄 것이다. 마찬가지로 해군에 대한 정보도 수집해두면 좋다. 이제껏 영국은 프랑스 해군과 깊은 관계를 지속해 왔고 앞으로도 그 관계는 지속될 것이다. 알아둬서 나쁠 것은 없다. 직접 체험한 해외 정보가 네가 본국으로 돌아왔을 때 너의 존재를 한결 돋보이게 할 것이다. 또 다른 나라와 외교적 교섭을 할 때 네 스스로에게 얼마나 도움이 될 것인지 상상해보아라. 아마 상상 이상일 것이다.

*letter 17*

# 여행의 매력은
# 새로운 것을 깨닫는 데 있다

**하트 씨의 편지는** 항상 너에 대한 칭찬이 적잖게 들어있는데, 이번 편지에는 특히 나를 기쁘게 하는 이야기가 있었다. 로마에 체류하는 동안 네가 이탈리아 사람들 속에 동화하려고 무척 애를 썼고 영국 부인이 제안한 영국인 단체에는 가입하려고 하지 않았다고 하더구나. 너의 분별 있는 행동은 내가 왜 너를 외국으로 여행을 보냈는지에 대해 네가 잘 이해하고 있다는 것을 보여주는 것이라고 느꼈다. 정말 기쁘다.

세계 여러 나라의 다양한 외국인들을 많이 알아두는 것은 매우 보람있는 일이다. 네가 어느 나라에 가든지 계속 이렇게 분별 있게 행동하기를 바란다. 특히 파리에는 300명 이상의 영국인들이 집단을 형성해서 살고 있는데, 그들은 프랑스인들과는 어떤 교류도 하지 않고 자기들끼리 생활하고 있다.

파리에서 생활하는 영국 귀족들의 생활은 거의가 다 비슷하다. 그들은 아침 늦은 시간까지 잠자리에 있다가 일어나자마자 자기들끼리 모여서 식사를 한다. 그들은 족히 2시간은 식사를 하며 잡담으로 시간을 흘려보낸다. 식사가 끝나면 노트르담 사원이나 궁전 등을 관광하기 위해 마차를 타고 몰려간다. 저녁이 되면 커피하우스로 몰려가서 저녁식사를 겸해 술자리를 벌인다. 저녁식사를 마치면 줄지어 극장으로 향한다. 솜씨는 형편없지만 옷감만은 최고급인 양복으로 치장한 그들은 무대 앞에 자리를 잡는다. 공연이 끝나면 일행은 다시 술집으로 돌아온다. 그들은 밤늦도록 술판을 벌이고 술에 취해 자기들끼리 싸우거나 거리에서 싸움을 벌여 결국 경찰에게 체포되는 신세가 되기도 한다.

이런 생활을 되풀이하고 있는 그들이 프랑스어를 제대로 배울 리가 없다. 그들은 귀국해서도 타고난 성미가 더 격해질 뿐이며 아무런 학식도 가져올 수가 없다. 그러나 프랑스를 다녀왔다는 것을 뽐내려고 엉터리 프랑스어를 지껄이며 프랑스식으로 사는 모습이란 정말 꼴불견이다. 자신의 삶에 있어 소중한 기회인 해외 생활도 한 순간에 물거품이 되어버리고 만다.

너는 그렇게 되지 않도록 그곳에 있는 동안 프랑스 사람들과 두터운 우정을 쌓도록 노력해라. 노신사는 훌륭한 본보기가 될 것이고 젊은이와는 자연스럽게 어울리는 것이 좋을 것이다.

　　　　한 고장에 1주일이나 10일 정도 짧게 머무르는 것만으로는 여행의 진정한 즐거움을 경험할 수가 없다. 또한 그곳 현지인들과 친해질 시간도 없다. 그렇게 짧은 시간이라면 상대방 쪽에서도 친해지기를 꺼려할 것이다.

　그러나 그곳에 몇 달을 머무르게 된다면 이야기는 달라진다. 현지인들과 친해질 시간이 있기 때문이다. 시간적 여유를 갖게 되면 자연스럽게 이방인이라는 선입관이 사라진다. 이것이 바로 여행의 즐거움이다. 어디를 가든 그곳 현지인들과 친해지고 자연스럽게 그들 사회에 녹아들어 그곳의 참모습을 접할 수 있어야 한다. 이것이 곧 그 고장의 관습과 예절 그리고 그 고장만의 독특한 특성을 이해하는 유일한 방법이라고 생각한다.

　세계 어디를 가든 인간이 지니고 있는 본성은 똑같다. 차이가 있다면 이를 표현하는 방법으로 그 고장의 특성이나 환경에 따라 다르게 표출된다. 우리는 그런 다양한 언어나 풍습에 두루 익숙해져야 한다.

　가령 '야망'은 어떤 지역의 어떤 사람이든 다 가지고 있다. 그러나 그 야망을 충족시키는 방법은 그 지역의 교육이나 풍습에 따라 제각각이다. 또한 예절을 지키려는 마음은 누구나 갖고 있는 감정이다. 그러나 그 마음을 표현하는 방법도 각각의 고장에 따라 다르게 나타난다.

영국에서는 국왕에게 절을 하는 것이 존경의 표시지만 프랑스에서는 예의에 어긋나는 일이 된다. 그리고 전제군주 앞에서 엎드리지 않으면 안 되는 나라도 있다. 이처럼 예절은 지역과 시대 그리고 인습에 따라 각기 다르다.

그렇다면 예절은 어떻게 생겨난 것일까? 예절은 인간의 감정에 기인하여 즉흥적으로 생겨나 이어져온 것이라고 말할 수 있다. 그래서 아무리 훌륭하고 분별 있는 사람이라도 그 지역의 고유한 예절을 배우지 않고서는 표현할 수 없는 것이다. 그곳의 예절에 맞게 자연스럽게 행동할 수 있는 사람은 실제로 그곳 생활을 직접 눈으로 보고 몸으로 체험한 사람일 것이다.

예절이란 이성이나 분별로 설명할 수 있는 것이 아니다. 그러나 그것이 엄연히 존재하고 있는 이상 우리는 거기에 따라야 한다. 마찬가지로 모든 계층에 존재하는 관습 같은 것이 있을 것이다. 그런 관습도 익혀두는 것이 좋다.

학교에서는 다른 사람에게 예의를 갖추고 상대가 좋은 감정을 느끼게 하라고 가르친다. 그러나 여행을 하다보면 네가 배운 예의와 관습이 다른 사람에게 좋은 예의와 관습으로 받아들여지지 않을 수도 있다. 각 나라, 각 지방 마다 풍습이 다르기 때문이다.

때와 장소, 사람에 따라 어떻게 행동하는 것이 예의바른 것인가를 알기 위해서는 직접 눈으로 보고 몸소 체험해야만 한다. 그것을 익히고 돌아오는 것이 이번 여행에서 네가 배워야 할 것이다.

분별 있는 사람은 어디를 가든 그 고장의 풍습을 배우고 그것에 맞게 행동하려고 노력한다. 도덕적으로 용인될 수 없는 일만 아니라면 세계 어디를 가든 그렇게 행동하는 것이 좋다. 그러기 위해서 필요한 것이 적응력이다. 적응력이란 때와 장소에 따라 적절하게 행동할 수 있는 능력이다. 예절 바른 사람을 대할 때는 진지한 표정으로 대하고 명랑한 사람에게는 밝게 행동한다. 이런 능력을 몸에 익히도록 열심히 노력하기 바란다.

여러 나라를 방문할 때 그 지역의 유지들과 교류함으로써 너 또한 그 고장의 유력한 인물이 될 수 있다. 각 나라의 고유한 풍습을 받아들여 파리에서는 프랑스인이 되고 로마에서는 이탈리아인, 런던에서는 영국인이 됨으로써 세계인이 되는 것이다.

소식에 의하면 요즘 너는 이탈리아어 때문에 고민하고 있는 모양이더구나. 그러나 프랑스의 귀족들을 봐라! 그들은 말할 때 스스로는 미처 깨닫지 못하지만 뛰어난 산문散文을 읊조리고 있다. 마찬가지로 너 또한 스스로는 미처 깨닫지 못한다 할지라도 이탈리아어를 아주 잘 이해하고 있을 것이다. 너 정도로 프랑스어와 라틴어를 능숙하게 구사할 수 있다면 이탈리아어를 대강 알고 있는 셈이다. 다만 숙어나 관용구 혹은 미묘한 표현 등을 익히기 위해서는 실제로 말해보는 것이 가장 좋은 방법이다. 상대방의 말을 귀 기울여 듣는다면 그런 것들은 쉽게 익힐 수 있다. 그러므로 어느 정도 단어를 익혔다면 틀릴 것을 두려워하지 말고 누구에게나 자꾸 말을 걸어보아라.

프랑스어로 '안녕하세요?'라고 인사를 하는 대신 서투른 이탈리아어일지라도 '안녕하세요?'라고 말하는 것이 도움이 될 것이다. 그러면 상대방은 이탈리아어로 뭐라고 대답할 것이고 그런 과정 속에서 차츰차츰 그 말을 듣고 배워나가면 된다. 그렇게 되풀이하다 보면 자신도 모르는 사이에 이탈리아어에 능통하게 될 것이다. 이탈리아어는 뜻밖에도 배우기 쉬운 언어란다.

여러 가지 이야기를 했지만 너를 해외로 보낸 것은 이런 것들을 몸에 익히기를 원했기 때문이다. 어느 나라를 가든 단순한 관광에 그치지 말고 그 나라의 실상을 깊이 있게 체험하고 오기 바란다. 현지인들과 친밀하게 사귀어 그 나라의 관습과 예의범절을 몸에 익히기를 바란다. 네가 그렇게 한다면 나의 수고도 결코 헛되지 않은 것이라고 말할 수 있다.

제5장

# 판단력과 표현력을 길러라

letter 18
# 자신을 신뢰할 수 있어야
# 자신감이 생긴다

　　　　　　　　　　이 편지가 도착할 무렵이면 너는 벌써 라이프치히에 도착했을 것이다. 드레스덴에서의 첫 궁정생활 경험은 어떠했느냐? 너는 현명하기에 들뜬 분위기는 드레스덴에 묻어버리고 라이프치히에서는 다시 공부에만 전념하리라 믿는다.

　아마도 궁정생활이 만족스러웠다면 열심히 공부해서 학식을 쌓는 일이 사람들에게 인정받는 가장 빠른 지름길이라는 사실을 깨달았을 것이다. 지덕을 겸비하고 품격과 겸손을 몸에 익힌 사람은 보기에도 훌륭하다. 나는 네가 그런 사람의 품성과 품위 등을 눈여겨 보아서 본받기를 바란다.

　흔히 궁정 생활을 '거짓과 위선이 난무하는 겉과 속이 전혀 다른 세계'라고 많은 사람들이 빈정거리지만 나는 그런 말에 동의하지 않는다. 어쩌면 궁정 생활이 거짓과 위선, 겉과 속이 다를 수도 있을 것이다. 그렇지만 이는 궁정 생활에만 한정된 것이 아니다. 따지고 보면 세상에 그렇지 않은 곳은 단 한 곳도 없다.

농부들이 모여 사는 농촌 생활 역시 따지고 보면 이와 비슷하다고 할 수 있다. 다른 점이 있다면 궁정에서 생활하는 사람들처럼 그렇게 예절을 크게 중시하지 않는다는 정도일 것이다.

이웃과 밭이 서로 인접해 있는 농부들은 어떻게 하면 더 많이 곡식을 추수할 수 있을지 여러 가지로 궁리를 할 것이며 땅을 많이 소유한 지주 앞에서는 어떻게든 비유를 맞추기 위해 필사적으로 노력할 것이다. 이러한 모습은 궁정에서 생활하는 사람들이 왕의 환심을 사려고 노력하는 것과 전혀 다를 바가 없다.

시인들이 시골 사람들은 순박하고 거짓말과 위선이 없지만 궁정 사람들은 위선자들이라고 시를 쓴다고 해도, 또 사람들이 그것을 진실이라고 믿고 따른다고 해도 변하는 것은 아무것도 없다. 양치기 목동이나 궁정에서 생활하는 사람들이나 모두 똑같은 인간이다. 마음으로 느끼는 것, 생각하는 것은 결국 동일하다. 차이는 단지 생활의 방식일 뿐이다.

일반론을 내세우거나 믿는 일, 이를 인정하고 따르는 일에는 신중을 기하기 바란다. 세상에는 다양한 분야에서 갖가지 일반론이 활개를 치고 있다. 그 가운데는 틀린 것도 있고 맞는 것도 있다. 그러나 대체로 자기만의 확고한 생각을 갖고 있지 못한 사람이 '일반론'이라는 오래된 장식품으로 치장하고 다른 사람들의 이목을 끌려고 하는 경향이 있다.

나는 그런 사람이 다른 사람의 관심을 끌기 위해서 일반론을 내세우면 일부러 진지한 표정을 지으면서 '그렇습니까, 그래서요?'라고 대꾸하며 계속해서 상대방이 다음 말을 하도록 유도한다. 그러면 설득력이 없고 농담 같은 일반론밖에 아는 것이 없는 상대방은 자신감을 잃고 다음 말을 잇지 못해 어찌할 바를 몰라 우물쭈물한다.

자기 자신의 확고한 학식이 정립된 사람이라면 일반론 따위에 의지하지 않고서도 자신의 의견을 명확히 말할 수 있다. 시시한 일반론 따위는 내세우지 않아도 충분히 깊고 유익한 화제를 제시할 수 있다. 그러면 일반론으로 상대를 지루하게 만드는 일 없이, 서로의 지식을 높힐 수 있는 보람있는 대화를 나눌 수 있는 것이다.

*letter 19*

# 건전하고 발전적인 생각에
# 시간을 투자하라

**너도 이제** 사물을 올바르게 판단할 수 있는 나이다. 네 또래 가운데 사려 깊은 젊은이가 아직은 그리 많지 않다고 여겨지지만, 지금부터 너는 사물에 대해 깊이 생각하는 습관을 반드시 몸에 익히기 바란다.

사실을 말하자면 나도 그런 습관에 익숙해지기 시작한 것이 그리 오래되지 않았다. 나는 16~7세가 될때까지도 혼자 힘으로 사물에 대해 올바르게 사고思考하지 못했다. 조금씩 달라지긴 했지만 그때까지는 생각한 것을 일상생활에 제대로 적용하지 못했던 것이다. 책을 읽어도 그 내용을 제대로 이해하지 못한 채 받아들였고 사람들과 대화를 나눌 때도 옳고 그름을 분별하지 못한 채 받아들였다.

시간과 노력을 기울여 진실을 추구하기보다는 순간순간 편한 것이 좋다는 생각에 빠져 있었다. 생각하는 것을 귀찮게 여기고 항상 유희를 즐기기에 바빴다. 또한 상류사회의 독특한 사고방식에 대해 약간은 반항적인 생각을 품기도 했다. 그러다 보니 분별은커녕 편견에 빠져 진리를 외면하고 있었던 것이다.

그러나 일단 나 스스로 생각하는 능력을 기르겠다는 뜻을 세우고 실천에 옮기기 시작하자 사물을 보는 시각이 놀랄 정도로 달라졌다. 단순히 있는 그대로 사물을 보거나 실체가 존재하지 않는 곳에 힘이 있다고 착각했던 예전의 생각과는 달리 사물이 얼마나 질서정연하게 보였는지 모른다. 물론 여전히 나는 다른 사람에게서 주입된 생각의 방식에서 크게 벗어나지 못하고 있는지도 모른다. 오랜 시간이 흐르는 동안 다른 사람에게서 주입된 생각이 아무런 재고再考도 없이 그대로 굳어졌을 수도 있다. 사실 어떤 경우에서는 이것이 젊은 시절에 주입된 낡은 생각인지 나이가 들어 나 혼자의 힘으로 깨닫게 된 생각인지 구별할 수 없는 것들도 있다.

가장 먼저 나를 사로잡았던 편견—어린 시절의 귀신이나 악몽 등에 관한 생각은 제외하고—은 고전古典에 대한 맹신이었다. 이러한 편견은 많은 고전을 접하고 또 선생님들의 강의를 들으면서 자연스럽게 생겨난 것으로 나는 거의 절대적으로 그것을 신봉하고 있었다.

나는 지난 1500년 동안 이 세상에는 양식이나 양심 같은 것이 전혀 존재하지 않았다고 믿었다. 양식이나 양심 같은 것은 고대 그리스 로마 제국의 멸망과 함께 사라져버렸다고 생각했다. 그리스 작가 호머와 로마 최고의 시인 버질은 고전이기에 위대하고 시인 밀턴과 이탈리아 최고의 서사시인 타소는 고전이 아니라는 이유로 볼 만한 것이 없다고 생각했었다.

하지만 지금은 다르다. 이제와서 생각해보면 300년 전의 인간이나 현존하는 인간이나 서로 다를 바가 전혀 없다는 생각이다. 그때나 지금이나 인간은 모두 평범하며 다만 시대에 따라 그 존재 방식이나 관습이 변할 뿐 인간의 본질은 결코 변하지 않는다고 생각한다. 동물이나 식물이 1500년 전이나 혹은 그 이전과 비교할 때 크게 달라지지 않은 것과 마찬가지로 인간도 역시 1500년 전이나 혹은 300년 전에 존재했던 인간들이 더 훌륭하거나 현명하다고 볼 수 없다. 고대인이나 현대인이나 각각의 장점이 있기 마련이며 똑같이 결함을 가지고 있는 인간이다. 고전에 대한 독단적인 편견과 마찬가지로 종교에 대한 편견도 사람을 편협하게 만든다.

이제서야 너에게 말하지만 내가 어느 정도로 편협한 생각을 지닌 존재였는가 하면 나는 한때 영국 국교를 신봉하지 않으면 제아무리 정직한 사람이라도 결코 구원받지 못할 것이라고 생각했었다.

인간의 생각이나 견해는 그리 쉽게 바꿀 수 있는 것이 아니다. 또한 나의 견해가 다른 사람과 다를 수 있는 것과 마찬가지로 다른 사람의 의견도 나와 다를 수 있다. 그러므로 서로가 진지하고 너그럽게 상대의 의견에 귀를 기울여야 한다는 것을 명심하기 바란다.

그리고 또 하나의 편견은 앞에서도 언급했지만 사교계에서 다른 사람의 이목을 집중시키기 위해 '언뜻 보기에 놀기 잘하는 한량'처럼 굴 필요가 있다는 어리석은 생각이었다. '놀기 잘하는 한량'으로 보이는 사람들이 사교계에서 주목을 받는다는 것을 아무런 생각도 없이 그대로 받아들여 실천에 옮겼던 것이다. 어쩌면 그런 사람들로부터 비웃음을 당하고 싶지 않다는 마음이 나를 그런 식으로 행동하도록 더 부추겼는지도 모른다.

하지만 이젠 그런 비웃음 따위는 전혀 두렵지 않다. 스스로 '놀기 잘하는 한량'이라고 뽐내는 사람이 제아무리 박식하고 훌륭한 신사라고 할지라도 그것은 인생의 단점이라는 것을 깨달았다. 그런 사람들은 스스로가 인정받고 싶어하는 사람들로부터 오히려 외면당할 뿐이다. 왜냐하면 자신의 결점을 숨기려다가 없는 결점까지도 드러내 보이는 꼴이 되기 때문이다. 이처럼 편견이란 정말 무서운 것이다.

지금 네 나이에 가장 명심해야 할 것은 그럴 듯하지만 잘못된 사고방식이다. 그러한 사고방식은 이해력도 뛰어나고 생각도 건전한 사람들이 어쩌다 진리를 추구하려는 노력에 게을렀다거나 혹은 집중력과 통찰력의 부족으로 인해 방치해온 일련의 사실들이다.

그 가운데 하나의 예가 유사 이래 줄곧 진리라고 믿었던 '전제정치 하에서는 진정한 예술이나 과학이 발전하지 못했다'는 명제다. 과연 인간의 자유가 제한된 곳에서는 그 재능까지도 역시 침몰되어버리는 것일까? 이 명제는 겉으로 볼 때는 매우 그럴 듯하지만 나는 그렇게 생각하지 않는다.

농업과 같은 기술의 경우는 정치 형태에 따라 소유자나 이익이 수반되지 않는다면 확실히 발전하기 어려울지 모른다. 하지만 수학자나 천문학자, 웅변가와 같은 사람들의 과학적 예술적 재능을 억제한다고 해서 진보하지 못한다는 말은 옳지 않다. 그리고 그런 예는 아직까지 없다.

어쩌면 시인이나 웅변가의 자유로운 표현은 억압받을지 모르지만 그렇다고 해서 정열을 기울일 대상까지 빼앗기는 것은 아니다. 재능이 있다면 적어도 그것까지 말살될 우려는 없는 것이다.

이러한 생각이 오류라는 것을 증명한 사람들이 바로 프랑스 작가들이었다. 코르네유, 라신, 몰리에르, 브왈로, 라 퐁텐 등은 아우구스투스 시대와 견줄 만한 루이 14세의 압제 속에서도 그 재능을 꽃피웠던 작가들이다.

아우구스투스 시대의 훌륭한 작가들 또한 예술적 재능을 발휘하기 시작한 것이 악랄하고 포악한 황제가 사람들의 자유를 구속한 이후라는 것을 새겨두기 바란다. 또한 재평가가 이루어진 것도 자유로운 풍조 아래에서가 아니라 절대적인 권력자였던 교황 레오 10세와 무도한 독재자였던 프란시스 1세 때 장려되고 보호된 것이었다.

나의 이야기를 오해하지 말기 바란다. 나는 결코 전제 정치를 옹호하고자 하는 것이 아니다. 독재는 내가 가장 혐오하는 것이고 압제는 인간의 기본적 권리를 박탈하는 범죄행위라고 생각한다.

거듭 당부하지만 너 자신의 두뇌로 사물을 정확하게 판단하는 습관을 기르기 바란다. 그렇게 하기 위해서는 우선 네가 가진 현재의 사고방식을 하나하나 점검해 보아야 한다. 진실로 네 스스로의 판단으로 그렇게 생각하는지 아니면 다른 누군가가 가르쳐준 방식대로 생각하는지 혹은 어떤 편견이나 독단적인 사고방식에 사로잡힌 것은 아닌지 자주 되돌아보는 일이 중요하다.

편견이 사라지면 여러 사람들의 의견을 잘 경청한 후에 너 자신의 판단으로 옳고 그름을 분별하고 모든 것을 종합하여 자기만의 생각을 정립하기 바란다.

'좀 더 일찍 자신의 사고 능력을 정립했더라면 좋았을 텐데'라는 후회가 들지 않도록 가능한 한 빨리 시작하는 좋다. 물론 인간의 판단력이 항상 옳은 것은 아니기에 간혹 잘못된 생각을 가질 수도 있을 것이다. 그렇기 때문에 오히려 그런 착오를 일으키지 않기 위해 스스로 생각하는 습관을 기르는 것이 가장 최선의 지침인 것이다. 그리고 그러한 사고 능력을 도와주는 것이 바로 책이며 사람과의 교제다. 하지만 책이든 사람과의 교제든 분별없이 무조건 받아들여서는 안 된다. 그것은 어디까지나 인간에게 주어진 사고 능력의 보조물에 불과하기 때문이다.

대부분의 사람들이 귀찮고 번거롭게 여기는 것이 바로 '생각한다'는 것이다. 생각한다는 것의 중요성에 대해 또 다시 생각한다는 것은 귀찮고 번거로울 수도 있는 것이지만 참으로 중요하고 신선한 행위이다. 부디 건전하고 발전적인 생각에 보다 많은 시간을 할애할 것을 당부한다.

letter 20
# 겸양의 미덕이
# 더 많은 이득을 준다

**어떠한 장점이나** 덕행德行에도 그와 비례하는 단점이나 부덕不德이 있을 수 있으며 자칫하면 전혀 생각지도 못한 과오를 범하는 경우가 있다. 관대함이 지나치면 응석받이를 만들게 되고 절약이 과하면 인색함이 되고, 과장된 용기는 무모함이 되고 도가 넘어선 신중함은 비겁함이 된다. 이렇게 보면 장점이나 덕이 있다는 사실은 결점이 없고 부도덕한 행위를 하지 않는 것 이상의 세심한 주의가 필요한 것이 아닌가 생각된다.

부도덕한 행위는 결코 아름다운 것이 아니므로 그러한 행위를 보면 무의식중에 외면하게 되고 거기에 더 이상 관여하고 싶은 생각이 없어진다. 그러나 도덕적 행위는 아름다우므로 처음부터 마음을 주게 되고 보면 볼수록 알면 알수록 거기에 매료되게 마련이다. 그러다 보면 자신도 모르게 어느새 거기에 취해버리게 되는 것이다.

올바른 판단을 내려야 할 시점이 바로 이때다. 도덕적 행동이 끝까지 도덕적 행동이 되게 하기 위해서는, 자신의 장점이 끝까지 장점이 되도록 하기 위해서는 유혹에 빠져 정신을 잃어버리려고 하는 자기 자신을 계속 채찍질해야 한다.

아버지가 너에게 이런 말을 하는 이유는 '학식이 풍부하다'는 장점이 자칫 잘못하면 빠져들기 쉬운 함정이 될 수도 있다는 사실 때문이다. 학식이 풍부하다는 것도 올바른 판단력이 따르지 않으면 '아니꼽다'든지 '잘난 척한다'든지 하는 생각지도 못한 오해를 사게 될 수가 있다. 언젠가는 너도 풍부한 학식을 소유하게 될 것이다.

학식이 풍부한 사람은 너무 자신에 찬 나머지 다른 사람의 의견을 무시하거나 일방적으로 자기 판단을 강요하는 경우가 많다. 이렇게 되면 어떤 결과가 초래될 것인가?

무시당한 사람들은 모욕감으로 인해 자존심에 상처를 입었기 때문에 순순히 따르지 않을 것이다. 오히려 격분해서 네 말에 반항할 가능성이 많다. 심할 때는 법적인 수단도 불사하는 경우가 생길지 모른다. 이런 사태를 미연에 방지하기 위해서는 학식이 풍부할수록 더욱 겸허해져야 한다는 것이다. 무턱대고 자기 자신만을 내세우면 안 된다. 자신의 견해를 말할 때도 한마디로 잘라 말해서는 안 된다. 다른 사람을 설득하고 싶다면 그 사람의 의견을 정중하게 경청해야 한다.

네 스스로 학자연하여 얄미운 인간이라는 비난을 듣기 싫다면, 그렇다고 얌전히 앉아 무지한 사람처럼 보이기도 싫다면, 가장 좋은 방법은 자신의 학식을 드러내놓고 자랑하지 않는 일이다. 그저 주변 사람들과 자연스럽게 어울려서 평범한 이야기를 주고받는 것이다. 화려하게 과장하지 말고 순수하게 내용만을 이야기하면 된다. 주변 사람보다 조금이라도 더 훌륭하게 보이려고 애쓰거나 학문이 뛰어난 것처럼 보이려고 애쓰지 마라.

학식이란 회중시계처럼 가볍게 주머니 속에 넣어두면 되는 것이다. 그것을 내세우기 위해 애써 주머니 속을 뒤질 필요는 없다. 시간을 묻는 사람이 있으면 그때 잠시 시계를 꺼내어 시간을 알려주는 것처럼 학식도 필요할 때 사용하면 되는 것이다.

학식은 장식품이 아니라 필수품이다. 그것은 적절한 시점에 제대로 활용할 수 있을 때에만 그 진가가 발휘되는 것이다.

*letter 21*
# 이론으로는
# 세상을 알 수 없다

**오늘 하루는** 완전히 녹초가 되었다. 아니, 질렸다고 표현하는 것이 더 좋을지 모르겠다. 먼 친척이지만 학식이 풍부하고 겉보기에도 매우 훌륭한 신사 한 분이 나를 찾아와서 함께 저녁식사를 했다.

그렇다면 "피곤한 게 아니라 오히려 즐거운 일이 아닌가요?"라고 반문할지도 모르지만 그 사람은 정말 구제불능이었다. 한마디로 말하자면 그는 예의도 모르고 대화도 나누기 어려운, 이른바 '학자 바보'였다.

흔히 잡담을 사람들은 '근거도 없는 시시한 이야기'라고 하지만 그의 이야기는 반대로 전부 근거가 있는 이야기뿐이었다. 오히려 나는 그것에 싫증이 났다. 막연하게 나누는 잡담이라면 차라리 근거가 없는 편이 좋을 것이다.

　그는 오랫동안 자신의 연구실에 틀어박혀서 온갖 일들에 대해 연구를 거듭한 끝에 자신의 주장을 세웠을 것이다. 그래서인지 그는 말끝마다 자신의 주장을 들먹였고 내가 거기서 조금이라도 벗어난 이야기를 하기라도 하면 눈을 부릅뜨고 분개했다. 확실히 그의 주장은 많은 면에서 합당하다. 하지만 유감스럽게도 현실성은 결여되어 있었다. 나는 그와의 대화가 왜그렇게 피곤하고 지루했던가를 곰곰히 생각해 보았다. 그 이유는 책상 앞에 앉아 책만 읽었지 다른 사람들과는 거의 교제가 없었기 때문이라는 것을 알았다. 그래서 학문에는 조예가 깊지만 인간관계에 관해서는 무지했다는 결론을 내렸다. 그는 자기 생각을 말할 때조차 말솜씨가 굉장히 서툴렀고 말이 입에서 쉽사리 흘러나오지 않았다. 말을 하는가 하면 곧 끊어졌고 게다가 말하는 태도조차도 무뚝뚝하기 그지없었다. 결국 나는 이 신사를 통해 아무리 학식이 뛰어나더라도 이런 사람과 이야기하기보다는 비록 교양이 없을지언정 세상 물정을 조금 알고 있는 수다쟁이 여인과 이야기하는 편이 훨씬 더 나을 것이라는 결론에 도달했다.

　현실성이 결여된 사람이 주장하는 이론은 세상이 그렇게 판에 박힌 듯이 돌아가지 않는다는 것을 이해하고 있는 사람에게는 듣기에 너무 피곤하다. 예를 들어 세상은 그런 것이 아니라고 그에게 조심스럽게 말하면 그는 이해할 수 없다는 표정을 지으며 화제를 자신의 일방적인 학식을 주장하는 주제로 바꾸며 상대방의 말에는 귀도 기울이지 않는다.

어쩌면 그의 이러한 태도는 당연한 일이라고 생각했다. 그는 옥스퍼드대학이나 케임브리지대학에서 한평생 연구에만 전념해 온 사람일 테니까. 이를테면 인간의 두뇌에 대해서, 마음에 대해서, 이성理性, 감정, 의지, 감상, 감각에 대해서…… 등등.

그는 보통 사람이 전혀 생각하지 못하는 부분까지 인간을 세분화시켜서 철저히 연구하고 분석하여 자신만의 확고한 학설을 정립한 것이다. 그런 까닭에 그렇게 쉽게 물러설 리가 없으며 자기주장을 맹목적으로 믿고 따르는 것이 당연하다고 생각하는 것이다. 그 사람 입장에서는.

그 또한 나름대로는 훌륭하다고 말할 수 있다. 다만 난처한 것은 그 사람이 실제로 인간을 제대로 관찰한 적도 없고 만난 적도 없기 때문에 세상에는 여러 다양한 부류의 인간이 존재한다는 것, 갖가지 습관이나 편견, 기호嗜好가 있다는 것, 그리고 이 모든 것들을 종합한 한 사람의 인간이 엄연히 존재한다는 것을 도무지 이해하지 못한다는 사실이다. 극단적으로 말하자면 인간에 대해서는 완전히 무지無知하다는 것이다.

가령 연구실에서 '인간은 칭찬받으면 좋아한다'는 이론을 발견하고 스스로 이를 실험하려고 노력하지만 정작 그 방법에 대해서는 전혀 모른다면 결과가 어떻게 될까?

　장소나 상황에 맞지 않게 칭찬의 말을 늘어놓거나 혹은 타이밍이 나쁘거나 한다면 차라리 아무런 말도 하지 않은 편이 더 낳았을 것이다. 그의 머릿속은 자기 생각으로 가득 차 있기 때문에 주변 사람들이 지금 어떠한 상황에 처했는지, 무슨 이야기를 하고 있는지 전혀 염두에 두지 않는다. 염두에 두려는 마음조차도 없다. 그래서 때와 장소에 아랑곳하지 않고 우선 상대에 대한 칭찬의 말을 늘어놓는다. 칭찬을 받은 사람이 어리둥절한 나머지 당황하여 다음에는 또 무슨 말이 나올지 가슴을 졸이게 된다.


　　　세상을 제대로 이해하지 못하는 사람은 아이잭 뉴턴이 처음 프리즘을 통해 빛을 보았을 때처럼 이 사람은 이 색깔, 저 사람은 저 색깔 하는 식으로 인간을 몇 가지 색깔로 분류해서 본다. 그러나 인간관계의 경험이 풍부한 사람은 기술이 뛰어난 염색업자처럼 색깔에도 명도와 채도가 있다는 것을 잘 알고 있으며 하나의 색깔처럼 보이는 것도 실제로는 여러 가지 색깔이 섞여 있다는 것을 알고 있다.

　처음부터 한 가지 색깔로만 된 인간은 없다. 여러 색깔이 섞여 있거나 때로 명암이 들어 있기도 한다. 그뿐만이 아니다. 천이 빛을 받는 정도에 따라 여러 가지 색깔로 변하는 것처럼 인간도 역시 상황에 따라서 여러 가지 색깔로 변한다.

이런 이치는 누구나 알고 있는 평범한 사실임에도 혼자 연구실에 틀어박혀 세상과 동떨어져 있는 거만한 학자는 이것을 모른다. 이런 이치는 생각만으로는 결코 이해할 수 없기에 자신이 연구한 것을 아무리 실천에 옮기려 해도 자신의 이론과 맞지 않고 뜻대로 되지 않는다.

춤추는 것을 본 적이 없거나 춤을 배운 적이 없는 사람이 제아무리 악보를 잘 읽고 멜로디나 리듬을 완전히 이해할 수 있다고 하더라도 절대 훌륭하게 춤을 출 수는 없는 것이다.

자신의 눈과 귀로 세상을 보고 들어서 알고 있는 사람의 행동은 상황에 따라 대처할 수 있다. 경험에 의하여 상황을 이해하기 때문이다. 마찬가지로 칭찬의 힘을 아는 사람은 언제, 어떻게 칭찬을 해야 하는가를 잘 알고 있다. 말하자면 환자의 체질에 따라 처방을 달리하는 명의名醫와도 같다는 말이다. 이론과 현실 사이에는 이렇게 커다란 차이가 있다는 것을 알아야 한다.

우리는 학식과 인격이 부족한 사람이 자기보다 훨씬 뛰어난 사람들을 거침없고 능수능란하게 다루는 모습을 종종 보게 된다. 이러한 모습은 인간관계를 이해하고 풍부한 경험을 한 사람에게서 볼 수 있다. 세상을 살아가는 지혜를 터득한 것이다. 학식과 인격은 갖추었지만 세상사에 어두운 사람들이 가진 약점을 잘 알고 있기 때문에 마음대로 조종할 수 있는 것이다.

직접 자기 눈으로 보거나 몸소 체험함으로써 세상을 아는 사람은 그저 책을 통해서만 세상을 아는 사람과는 근본적으로 다르다. 이는 제대로 훈련된 말이 노새보다 훨씬 유용한 이치와 같다.


이제 너는 지금까지 공부한 것들, 보고 들은 것들을 종합하여 점차 네 나름의 판단에 입각하여 인격이나 행동양식, 예의범절을 갖추지 않으면 안 되는 나이에 이르렀다. 이제부터 너는 세상에 대한 시각을 더 한층 갈고 닦아야만 한다. 그런 의미에서 사회과학 서적을 읽어두는 것도 좋을 것이다. 책의 내용과 현실을 비교하는 것은 훌륭한 공부가 될 테니까. 가령 강의시간에 라 로슈푸코의 명언을 읽고 마음에 새겼다면 밤에 사교 테이블에서 만나는 사람들을 상대로 그것을 적용시켜 보면 좋을 것이다.

책에는 인간이 가진 정신이나 감정의 동요와 같은 여러 가지 내용이 들어 있다. 책을 통해 그것들을 미리 체득해두는 것은 좋은 일이다. 그렇지만 책을 읽는 것으로 끝내지 말고 실제로 사회에 뛰어들어 그 모습을 관찰하여라. 그렇게 하지 않으면 그 어떤 지식도 살아있는 지식이 되지 못할 뿐만 아니라 오히려 잘못된 방향으로 나아갈 수 있다. 책상 앞에 세계지도를 펼쳐놓고 눈이 뚫어져라 들여다본다고 세계에 대해서 알 수 있는 것은 아니다.

letter 22

# 웅변의 목적은
# 진리가 아니라 설득이다

**오늘은** 영국에서 상원에 율리우스력 Julius曆을 그레고리력 Gregorio曆으로 개정하기 위한 법안을 제출했을 때의 일에 관해 상세하게 이야기해주겠다. 이 이야기는 너에게 큰 도움이 될 것이다.

율리우스력이 태양력을 11일이나 초과하고 있는 부정확한 달력이라는 사실은 누구나 잘 알고 있는 일이다. 그리고 그것을 개정한 사람이 교황 그레고리우스 13세로, 그가 만든 그레고리력은 곧 유럽의 모든 가톨릭 국가에 의해 채택되었고 이어 러시아와 스웨덴 그리고 영국을 제외한 모든 프로테스탄트 국가에도 받아들여졌다.

나는 유럽의 주요 국가들이 모두 그레고리력을 쓰고 있음에도 영국만 여전히 율리우스력을 고집하고 있는 것이 매우 불명예스러운 일이라고 생각했다. 이 같은 생각은 해외에 자주 나가는 정치인이나 무역상들도 마찬가지였다. 그래서 나는 영국의 달력을 개정하는 일에 앞장서기로 결심했다.

우선 국가를 대표할 만한 자격을 지닌 유명한 법률가와 천문학자 몇 사람의 협조를 얻어 법안을 작성했다. 그런데 나의 고민은 여기에서부터 시작되었다. 당연한 일이었지만 법안의 내용은 법률적인 전문용어와 천문학상의 어려운 계산으로 가득 차 있었다. 나는 법학이나 천문학 그 어느 쪽에도 문외한이었던 것이다.

법안을 통과시키기 위해서는 나 스스로 그 분야에 조금이나마 학식이 있다는 것을 의원들에게 보여줄 필요가 있었고 또한 나처럼 이런 일에 문외한인 의원들 자신도 조금은 납득한다는 분위기를 갖게 할 필요가 있었다.

나 자신이 천문학에 대해 설명을 해야 하는 일은 켈트어나 슬라브어를 처음 배워서 그 나라 사람과 대화를 나눌 때처럼 크게 어려운 일은 아니었다. 하지만 의원들 입장에서 생각해보면, 그들은 어려운 천문학 따위에는 아무런 흥미가 없을 것이라는 판단이 들었다. 그래서 내가 내린 결론은 일단 내용에 대한 설명이나 전문용어의 나열을 생략하고 의원들의 마음을 먼저 사로잡는 데 힘을 쏟는 것이었다.

나는 이집트력에서부터 그레고리력에 이르기까지 각각의 달력이 가진 장단점을 일화를 섞어가면서 재미있게 설명했다. 특히 문체나 말씨, 말솜씨, 몸동작에 많이 신경을 썼는데 이것이 성공이었다.

마침내 의원들은 나의 의견에 설득당한 듯했다. 과학에 대한 전문적인 설명은 전혀 없었으며 그런 설명을 할 생각은 처음부터 없었다. 여러 의원들이 오로지 일반적인 나의 설명만으로도 모든 것을 명백히 알았다고 했다.

나의 설명에 이어 법안 작성에 누구보다도 힘을 쏟은 사람은 유럽 제일의 수학자이자 천문학자인 마크레스필드 경卿이었다. 그는 전문적인 설명을 덧붙였다. 그런데 그의 설명이 미흡했던지, 아이러니컬하게도 모든 찬사가 나에게 돌아왔다. 말을 하는 사람이 거친 음성과 묘한 억양으로 이야기하거나 말의 조리가 맞지 않고 화법이 엉망진창이라면…….

그럴 경우, 이야기를 듣는 사람의 입장에서는 그 내용에 귀를 기울이거나 그 사람의 인격에 눈을 돌릴 기분조차 느끼지 못하게 되는 것이다. 그런데 이와는 정반대로 호감이 가도록 이야기하는 사람을 보면 그 내용과는 상관없이 그 사람의 인격까지도 대단하게 보이는 것이다.

만일 스스로 말하고자 하는 바를 논리 정연하게 이야기할 수 있는 것에 그 정도로 충분할 것이라는 생각을 갖고서 정계에 진출할 마음이라면 너를 말리고 싶다. 사람들 앞에서 이야기를 할 때는 그 내용보다는 말솜씨가 사람들의 마음에 더 크게 작용하기 때문이다.

사적인 모임에서 사람들의 관심을 끌고자 할 때라거나 공식적인 자리에서 청중을 설득시키고자 할 때, 물론 이야기의 내용도 중요하지만 말하는 사람의 분위기, 몸짓, 표정, 품위, 목소리의 높낮이, 사투리의 유무, 강조하는 부분, 억양 등 굉장히 사소한 부분들까지도 신경을 써야 한다.

나는 피트 씨와 스토마운트 경의 백부가 되는 사법장관 뮤레이 씨가 영국에서 연설을 가장 잘하는 인물이라고 생각한다. 이들을 제외하고 영국 의회를 조용하게 할 수 있는 인물, 즉 과도한 논쟁을 진정시킬 수 있는 사람은 없다고 본다. 이 두 사람의 연설은 시끄러운 의원들을 침묵시켜 열심히 귀를 기울이게 하는 어떤 힘을 가지고 있다. 그들이 연설을 하고 있을 때에는 바닥에 떨어지는 바늘 소리까지 들릴 정도다.

이 두 사람의 연설이 왜 그렇게 힘이 있을까? 내용이 훌륭해서일까? 정확한 증거를 제시하기 때문일까?

나 자신도 그들의 연설에 매혹당한 사람 가운데 한 사람이다. 어느날 집에 돌아와 내가 매혹당한 이유를 곰곰이 생각해 본 적이 있다. 도대체 그들이 했던 연설의 내용이 무엇이었을까를 하나하나 되짚어보았다. 그랬더니 놀랍게도 내용이 거의 없었을 뿐만 아니라 설득력 있는 주제도 아닌 경우가 많았다. 단지 그들의 말솜씨에 매료되었던 것에 불과했다.

아무런 가식이나 꾸밈도 없는 논리 정연한 화법은 지식인 두세 명이 모이는 곳이나 사사로운 모임에서는 설득력과 매력을 인정받을지 모르겠지만 많은 대중을 상대하는 공식적인 장소에서는 그런 화법이 잘 통용되지 않는다.

세상이란 그런 것이다. 연설을 들을 때 사람들은 어떤 가르침을 얻으려고 하기보다는 미사여구를 듣는 쪽을 택한다. 원래 설교를 듣는 것은 그리 유쾌한 일이 아니다. 그것은 무식하다는 말을 듣는 것과 같기 때문이다. 연설이 듣는 사람의 귀에 잘 들리고 높은 찬사를 얻기 위해서는 우선 연설하는 사람의 목청이 좋아야 한다. 이것은 연설에 그다지 경험이 풍부하지 않다거나 능숙하지 못한 사람들, 특히 너로서는 다시 한 번 생각해볼 가치가 있는 중요한 일이다.

letter 23

# 어떻게 하면
# 훌륭한 언변을 기를 수 있을까

 **말솜씨가 뛰어난** 사람이 되려면 어떻게 하는 것이 좋을까? 우선 말솜씨를 기르고자 하는 목표를 항상 마음에 새겨두고 이를 실현하기 위해 책을 읽고 문장을 연습하는 등 할 수 있는 모든 노력을 경주해야 한다.

우선 스스로에게 이렇게 말해보아라. 나는 사회에서 인정받는 훌륭한 사람이 되고 싶다. 그러기 위해서는 말을 잘해야 한다. 첫째로 일상의 회화를 연마하여 정확하고 품위가 있고 겸손한 말솜씨를 몸에 익히도록 노력하자. 둘째로 고전이나 현대의 작품이나 상관없이 웅변가들이 쓴 책을 많이 읽도록 하자. 그러한 노력이 반드시 필요하다는 것을 항상 마음속에 새겨두자.

실제로 말솜씨를 기른다는 목적을 가지고 책을 읽을 때는 문체나 말씨의 사용법에 주의하는 것이 좋다. 어떻게 하면 좀 더 훌륭한 표현이 되는지, 내가 똑같은 글을 쓴다면 어떤 점이 달라져야 할지를 생각하면서 읽어야 한다.

똑같은 내용이라도 작가에 따라 그 표현이 어떻게 다른지, 또 표현이 달라지면 그 내용이 풍기는 인상이 얼마나 달라지는지 유의하면서 읽으면 좋을 것이다. 책의 내용이 아무리 훌륭해도 표현이 서툴거나 문장에 품격이 없거나 문체가 자연스럽지 못하면 전체적인 리듬이 어떻게 깨어지는지도 잘 관찰해두면 좋다.


우리가 일상에서 흔히 쓰는 말이라도 또는 가까운 사람에게 보내는 편지라도, 자기만의 독특한 스타일을 갖는 것은 중요한 일이다. 이야기를 나누기 전에 미리 준비를 하는 것도 중요하지만 그렇지 못할 경우에는 이야기가 끝난 후라도 좀 더 좋은 화법은 없었을까 하고 반성하는 것 역시 말솜씨 향상에 커다란 도움이 될 것이다.

우리 마음을 매료시키는 배우들이 어떤 식으로 말하는지 주의해서 자세히 관찰해보면 훌륭한 배우는 발음이 명확하고 정확한 말에 중점을 두고 말한다. 말은 개념을 전달하기 위한 수단이므로 개념 전달이 서툴거나 듣기 싫은 방식으로 말하는 것은 어리석은 일이다.

너의 곁에는 항상 아버지가 신뢰하고 있는 하트씨가 있다. 하트 씨에게 네가 매일 큰소리로 책을 읽는 것을 들어달라고 부탁해라. 네가 책을 읽을 때 숨을 잇는 방법이나 강조하는 방법, 읽는 속도 등 무엇이든지 어색한 점이 있으면 일일이 그 대목에서 중지시켜 정정해달라고 부탁해라.

혼자서 연습할 때도 스스로 잘 듣도록 해라. 처음에는 아주 천천히 읽으면서 종종 빨라지곤 하는 너의 말버릇을 고치도록 유의해라. 네 발음에는 다소 껄끄러운 부분이 있기 때문에 말이 빠를 때는 상대가 알아듣기 힘들다. 발음하기 힘든 글자—너의 경우는 r일 것이다—가 있으면 완벽하게 발음할 수 있을 때까지 몇 천 번이든 계속 연습해라.


사회적 문제들을 몇 가지 골라 그에 관해 제기될 가능성이 있는 찬성과 반대의 의견을 머릿속에 떠올리며 논쟁을 상정해보아라. 논쟁에 쓰이는 언어는 될 수 있는 대로 품위가 있는 표현을 고르는 것이 좋다.

예를 들어 상비군常備軍의 가부可否에 대해 논쟁한다고 생각해보자. 반대하는 입장에서는 막강한 군사력으로 인해 주변 국가들이 위협을 느낄 염려가 있다는 의견을 제시할 것이다. 찬성하는 입장에서는 힘에는 힘으로 대항할 필요가 있다는 의견을 제시할 것이다. 이러한 찬반양론에 대해 깊이 생각해 보면 훌륭한 공부가 될 것이다. 가령 본질적으로 악惡인 상비군을 창설하는 것이 상황에 따라서는 타국의 악을 미연에 방지할 필요악이 될 수도 있을지 어떨지를 차분히 생각해보는 것이다. 그렇게 해서 네 스스로 생각한 것을 나름대로 정리하고 우아한 문장으로 기록해두면 좋다. 토론에 대한 연습도 될 것이고 항상 능숙하게 이야기하는 습관을 몸에 익히는 데도 큰 도움이 될 것이다.


사람을 제압하기 위해서는 절대 상대를 과대평가하지 않는 것이 중요하듯이 연설을 통해 청중을 압도하기 위해서도 역시 청중을 과대평가하지 않는 것이 중요하다. 내가 처음 상원의원이 되었을 때 나는 의회가 존경의 대상이 되는 사람들만 모인 곳이라는 생각에 일종의 위압감을 느꼈다. 하지만 그것도 잠시일 뿐, 의회의 실정을 알고 나자 그런 생각은 곧 사라졌다.

560명의 의원들 가운데 사리분별이 확실한 사람은 기껏해야 30명 내외였고 나머지는 모두 평범한 사람에 가깝다는 사실을 알게 되었다. 그리고 품위 있는 말씨와 내용 있는 연설을 요구하는 것도 역시 그 30명 정도에 불과할 뿐으로 나머지 의원들은 내용과는 상관없이 그저 듣기에 좋은 연설을 듣게 되면 거기에 만족한다는 사실도 알게 되었다. 그것을 알고 난 다음부터는 연설을 할 때 긴장하는 일도 적어졌고 나중에는 아예 청중을 전혀 신경 쓰지 않고 단지 이야기의 내용과 말솜씨에 모든 정신을 집중시킬 수 있게 되었다. 자랑삼아 하는 말이 아니라 나는 어느 정도 알맹이가 있는 이야기는 할 수 있을 만큼의 양식을 갖추었다고 자부한다.

웅변가는 솜씨가 좋은 제화공製靴工과 흡사하지 않을까하고 아버지는 생각해 보았단다. 웅변가나 제화공은 청중이나 고객의 기호를 어떻게 맞출지 어느 정도 터득하고 나면 그 다음에는 기계적으로 그 일을 할 수 있게 된다.

만약 네가 청중을 만족시키는 연설을 하고 싶다면 청중이 만족하는 이야기만 하면 된다. 연설자가 청중의 개성까지 신경을 써야 할 필요는 없다. 청중을 있는 그대로 받아들이면 그만인 것이다. 여러 번 반복해서 말한 바와 같이 청중은 자신들의 감각이나 마음을 끄는 것만을 좋아하고 받아들인다.

*letter 24*
# 품위를 높이는 것은
# 자기 자신의 일이다

**지난 번 네가** 지출한 것이라며 90파운드짜리 청구서가 나에게 배달되었다. 나는 그 순간 지불을 거절할까 하는 생각이 들었다. 액수의 문제가 아니다. 하지만 그렇게 큰돈을 지출할 경우라면 나에게 미리 편지를 보내 한 번쯤 상의라도 하는 것이 예의가 아닐까 싶은 생각이 든 것이 그 이유 가운데 하나다. 그리고 너의 서명이 어디에 있는지 알 수가 없었던 이유도 있었다. 청구서를 배달한 사람이 가리키는 곳을 돋보기로 보고서야 비로소 맨 구석에 있는 너의 서명을 발견할 수 있었다.

처음에는 글자를 모르는 사람의 X표 서명인가 생각했는데, 자세히 보니 너의 서명이라는 사실에 나는 실망하지 않을 수 없었다. 나는 지금껏 그렇게 보잘것없고 보기 흉한 서명을 본 적이 없다.

신사나 혹은 적어도 사업을 하는 사람들은 언제나 똑같은 서명을 하는 것이 관례로 되어 있다. 그럼으로써 자신의 서명을 누군가 도용 하는 것을 미연에 방지할 수가 있는 것이다. 그리고 그러한 서명은 일반적으로 다른 글자보다는 좀 더 크게 쓴다. 그런데 너의 서명은 다른 글자보다 오히려 작았고 게다가 흉하기까지 했다. 너의 서명을 보면서 나는 앞으로 그런 서명으로 인해 너에게 일어날 수 있는 갖가지 좋지 않은 일들을 상상해 보았다.

만약 각료閣僚에게 보내는 편지에 이런 서명을 한다면 그는 보통 사람이 쓰는 서명이 아니므로 기밀문서일지도 모른다는 생각에 암호해독 전문가에게 넘길 것이다. 만일 사랑하는 여인에게 병아리를 보내는 척하고 그 안에 사랑의 편지를 함께 숨겨 보낸다면(이 방법은 프랑스의 앙리 4세가 연애편지를 보낼 때 자주 썼던 수법으로 그 때문에 지금은 병아리도 짧은 사랑의 편지도 똑같이 poulet라는 단어를 쓴다) 편지를 받은 여인은 그것이 길거리에서 병아리를 파는 장사치가 쓴 것이라고 생각할 것이 틀림없다.

너는 허둥대다 보니 서명을 그렇게밖에 할 수 없었다고 변명할지도 모르겠다. 그렇다면 네가 허둥댄 이유가 무엇이냐?

지성인이란 서두르는 일은 있어도 결코 허둥대는 일은 없는 법이다. 허둥대면 일을 망친다는 사실을 잘 알고 있기 때문이다.

그러므로 서둘러 일을 마치는 경우는 있어도 일을 아무렇게나 처리하는 경우는 없는 것이다.

소심한 사람이 허둥대는 것은 대체로 주어진 일이 힘에 부친다는 것을 알았을 때이다. 자기의 능력으로는 어쩔 도리가 없다고 생각하기 때문에 허둥대며 이리저리 뛰어다니다가 마침내 혼란에 빠져 사리분별을 못하게 되는 것이다.

그런 점에서 분별이 있는 사람은 다르다. 해야 할 일을 완전히 끝마치는 데까지 필요한 시간을 미리 정해두고 서둘러 일을 끝내야 할 상황에서도 일관되게 한 가지 일을 완성시킨다. 그러므로 서둘러 일을 하더라도 언제나 냉정하고 침착하여 결코 당황하는 모습을 보이지 않고 한 가지 일을 끝내기 전에는 절대 다른 일에 손을 대지 않는 것이다.

물론 네가 여러 가지 해야 할 일이 많아 원하는 만큼 충분한 시간을 낼 수 없다는 점은 나도 잘 알고 있다. 하지만 일을 아무렇게나 처리하려면 차라리 절반만 완벽하게 하고 나머지는 손을 대지 않고 놔두는 편이 낫다. 게다가 몰상식한 사람으로 오해받을 정도의 글씨를 쓰는 어리석음을 저질러 몇 초의 시간을 더 벌었다고 해도 결국 그 시간은 아무런 쓸모가 없는 것임을 알아야 한다.

제6장

# 우정은
# 느리게 자라는
# 나무와 같다

*letter 25*

# 너의 친구는
# 너를 볼 수 있는 거울이다

이 편지가 도착할 즈음이면 너는 베네치아에서 흥청거리며 사육제를 지낸 다음 트리노로 주거를 옮겨 면학 준비에 열중하고 있겠구나. 트리노에 머무르는 것이 네 공부와 학력에 도움이 되기를 기도한다. 솔직히 말해서 요즘은 전에 없이 네가 걱정이 되는구나.

들리는 소문에 의하면 트리노의 전문학교에는 평판이 안 좋은 영국인이 많다고 하던데, 이제까지 공들여 쌓아올린 모든 것들이 혹시 무너지지 않을까 아버지는 걱정스러워 견딜 수가 없구나. 어떤 사람들인지는 모르겠지만 그들은 무리를 지어 다니면서 거칠고 난폭하게 행동하기도 하고 무례하게 굴기도 하며 마음의 편협함을 드러내고 있다고 들었다. 자기들끼리 어울리며 그런 짓을 벌이면 좋겠는데 선량한 친구들까지 자기네 패거리에 들어오라고 집요하게 압력을 넣는다고 하더구나. 그리고 뜻대로 되지 않을 때에는 상대방을 무시하고 업신여기는 수법을 쓴다는데 네 나이 또래의 경험이 없는 젊은이들에게 이 방법은 압력을 받거나 강제로 권유를 당하는 것보다 훨씬 효과가 클 것이다. 부디 거기에 말려들지 않도록 주의하기 바란다.

대체로 젊은이들은 어떤 부탁을 받으면 어지간해서는 싫다고 딱 잘라 거절하지 못한다. 거절하면 체면이 손상된다고 생각을 하기 때문이다. 게다가 상대편 입장을 생각해서 미안한 마음도 들것이다. 그리고 동료들로부터 행여 따돌림을 당하지나 않을까 하는 생각도 들 것이다. 물론 그런 생각이 잘못된 것은 아니다. 상대의 뜻에 맞춰주고 상대를 기쁘게 해주고자 하는 마음은 상대가 좋은 사람이라면 좋은 결과를 가져올 것이다. 그러나 그렇지 않을 경우는 본의 아니게 상대에게 맥없이 끌려 다니는 최악의 결과를 초래한다. 자신에게 어떤 결점이 있다면 그것만으로도 벅찬 일일 터인데, 하물며 남의 결점까지 흉내내어 자기 결점을 더 크게 만드는 어리석은 짓은 하지 않기를 바란다.

트리노의 대학에는 여러 부류의 사람들이 다 모여 있을 것이다. 그들과 금방 친밀해질 수 있고 또 친구가 될 수 있다고 생각한다면 잘못이다. 그것은 당치않은 자만심이다. 진정한 우정은 그렇게 쉽게 얻을 수 있는 것이 아니다. 오랜 시간 서로에 대해 잘 알고 이해한 후가 아니라면 진정한 우정은 피어나지 않는다. 물론 이름뿐인 우정도 있다. 젊은이들 사이에서 만연하고 있는 것이 바로 이러한 우정이다. 이 우정은 잠깐 동안은 뜨겁지만 곧 식어버리고 만다. 우연히 알게 된 몇몇 동료들과 함께 무분별한 행동을 하거나 유희에 빠지거나 하는 일이 있을 것이다. 즉흥적으로 술과 여자로 맺어진 우정이니 얼마나 진실할 수 있겠느냐?

이런 친구들은 어떤 계기로 멀어지게 되면 손바닥 뒤집듯이 변해 상대의 험담을 떠벌리고 다닌다. 일단 사이가 나빠지면 그뿐으로 두 번 다시 상대를 생각해주는 일은 없다. 오히려 지금까지의 신뢰관계를 저버리고 우롱하기에 급급할 뿐이다. 여기서 네가 명심해야 할 것 한 가지는 친구란 단지 유희의 상대와는 다르다는 점이다. 함께 있으면 즐겁다고 해서 꼭 좋은 친구는 아니다. 아니, 오히려 그런 사람은 친구로서 부적합할 경우가 많다.

주위에 어떤 친구를 두고 있느냐에 의해 그 사람에 대한 평가가 어느 정도 결정된다고 해도 과언이 아니다. 스페인 명언에 그것을 아주 정확하게 표현하고 있는 구절이 있다.

**누구와 함께 살고 있는지 말해보라.**
**그러면**
**당신이 어떤 사람인지 맞출 수 있다.**

부도덕한 자나 어리석은 자를 친구로 두고 있는 사람은 그도 역시 어리석은 자일 것이다. 그러나 여기서 한 가지 주의해야 할 점이 있다. 그것은 부도덕한 자나 어리석은 자가 접근해 왔을 경우에 상대가 눈치 채지 못하게 피하는 것이 당연한 일이지만 지나치게 냉담하게 대하여 상대를 적으로 만들 필요는 없다는 것이다. 친구로 삼고 싶지 않은 사람은 얼마든지 있겠지만 그렇다고 그들을 적으로 만들어 득이 될 것은 결코 없다.

악행이나 어리석은 행동은 미워하지만 인간적으로는 적대시하지 않아야 한다. 일단 상대로부터 적의를 불러일으키게 되면 매우 곤란해진다. 물론 그런 사람과 친구가 되는 것보다야 낫겠지만 후에 보복을 당하게 될지도 모르는 일이다.

중요한 것은, 말해서 좋은 것과 말해서는 안 되는 것, 해서 좋은 일과 해서는 안 되는 일을 구분하여 자기 자신을 잘 통제하는 일이다. 분별해서 행동하는 것처럼 보일 때가 가장 좋지 않다. 이런 태도는 상대방에게 불쾌감을 주고 사실은 그렇지 않다고 해도 오히려 상대방을 화나게 만들 수 있다.

진정한 의미에서 제대로 사물을 분별하는 사람은 흔치 않다. 대개는 하찮은 일에 마음이 끌려 굳게 입을 다물어버리거나 반대로 자기가 알고 있는 것이나 생각하고 있는 것을 전부 떠벌려 상대를 적으로 만드는 경우가 있다.

*letter 26*
# 누구와 교제해야 할 것인가를
# 깊이 숙고해야 한다

 **친구에 관한 이야기는** 이쯤 해두고 이제는 어떤 사람과 교제해야 할 것인가에 대해 이야기해보겠다.

우선 가능한 너보다 훌륭한 사람들과 사귀도록 노력해라. 훌륭한 사람들과 사귀면 네 자신도 똑같이 훌륭해진다. 반대로 너보다 수준이 낮은 사람과 사귀면 네 자신도 수준이 낮아지게 된다. 앞에서도 말했듯이 인간은 어떠한 사람을 사귀는가에 따라서 어떤 식으로든 영향을 받게 되는 법이다.

내가 말하는 훌륭한 사람이란 좋은 가문이나 높은 지위에 있는 사람을 의미하는 것이 아니다. 내실이 있는 사람, 다시 말해 세상 사람들이 훌륭하다고 인정하는 사람을 말하는 것이다.

훌륭한 사람이란 사회에서 지도적인 입장에 있는 사람, 사교계에서 왕성하게 활동하는 사람, 특수한 재능이나 재질이 있는 사람, 특정 분야의 학문이나 예술에 뛰어난 사람 등 어느 한 분야에서 특출한 사람이다. 자기 혼자 그렇게 생각하고 있는 것이 아니라 다른 사람들이 모두 훌륭하다고 인정하는 그런 사람이어야 한다.

교제하기 바람직한 클럽이라는 것은 네가 여러 가지로 배워야 할 점이 많은 중요한 인물들을 많이 만날 수 있는 장소이다. 갖가지 인격이나 올바른 도덕관을 가진 사람을 만날 수 있다는 것은 즐겁고 유익한 일이다. 게다가 그 주류는 훌륭한 사람들일 것이다. 그러한 명성이 있는 클럽은 절대로 눈살을 찌푸려야 할 만한 인물은 들어갈 수가 없다.

그런 뜻에서 말하자면 신분이 높은 사람들만의 모임은 그 고장에서 훌륭하다고 인정을 받지 못하는 한 바람직하다고는 말할 수 없다. 신분이 제아무리 높다 하더라도 머리가 텅 빈 사람, 상식적인 예의범절을 모르는 사람, 아무짝에도 쓸모가 없는 사람들은 어디에나 있기 때문이다.

학식이 뛰어난 사람들만 모인 클럽도 그렇다. 세상 사람들로부터 정중한 대접을 받거나 존경받는 것은 사실이지만 교제하기에 적합한 클럽이라고 말하기 어렵다. 앞에서도 말한 것처럼 그들은 마음 편히 행동할 줄을 모른다. 오직 학문밖에는 세상을 모르기 때문이다. 그렇지만 그런 클럽에 가입할 만한 재주가 있다면 가끔 참석하는 것도 아주 좋은 일이라고 여겨진다. 그로 인해 너에 대한 평판이 좋아졌으면 좋아졌지 나빠지는 일은 없을 것이다. 그러나 너의 사교생활을 그런 클럽에 한정시키는 것은 좀 생각해볼 문제다. 이른바 세상 물정 모르는 학자의 동료라고 낙인찍혀 사회에 진출할 때 족쇄가 될 수도 있지 않을까 하는 걱정 때문이다.

대부분의 젊은이들은 재치가 넘치는 인물이나 시인과 함께 있고 싶어 하고 그들에게 열중한다. 스스로에게 재치가 있다면 매우 즐거울 것이고 재치가 없는 사람은 그런 사람과 사귀는 것을 자랑스러워할 것이다. 그러나 그런 매력적인 인물과 교제할 때도 완전히 빠져서는 안 된다. 판단력을 잃지 말고 적당히 교제하는 것이 좋다. 재치라는 것이 언제나 좋은 인상으로만 받아들여지는 것은 아니다. 오히려 반대로 사람들에게 초조와 공포심을 불러일으키는 경우도 있다. 대체로 주위의 이목이 있을 때는 번득이는 재치를 두려워하게 되는 법이다.

그것은 사람들이 총을 두려워하는 것과 같은 이치다. 언제 안전장치가 풀려 총알이 자기 쪽으로 날아올지 모르기 때문에 두려워하는 것이다. 그렇다 해도 이런 사람들과 만나고 친밀하게 교제하는 것은 나름대로의 의미가 있고 즐거운 일이다.

다만 아무리 그 사람이 매력적이라 하더라도 기존에 교제하던 사람과의 만남을 일절 중지하고 그 사람하고만 만나는 것은 좀 생각해봐야 할 문제가 아닐까 싶다.

꼭 명심해야 할 것은 가능한 수준이 낮은 사람과의 교제는 피해야 한다는 점이다. 인격적으로 수준이 낮고 덕이 부족하고 지능이 낮으며 사회적 지위도 낮은 사람, 자기 자신은 내세울 만한 장점이 아무것도 없으면서 너와 교제하고 있는 것만을 자랑으로 삼고 있는 그런 사람들을 말하는 것이다. 그런 사람은 네 곁에 있기 위해 너의 단점까지도 모조리 칭찬할 것이다. 그런 사람과는 절대로 교제해서는 안 된다.

혹시 내가 너무 당연한 사실에 대해 주의를 준다고 생각하는 것은 아니냐? 하지만 나는 그만큼 수준 낮은 친구와 사귀어서는 안 된다는 것이 중요하다는 점을 이야기하고 있는 것이다. 분별 있고 사회적 지위도 확고한 사람들이 그런 수준 낮은 사람과 교제하다가 스스로 신용을 떨어뜨리고 타락해가는 모습을 내 눈으로 수없이 보았기 때문이다.

가장 큰 문제는 허영심이다. 허영심으로 인해 인간은 수없이 많은 악행을 저질렀고 어리석은 행동을 일삼았다. 사람들이 어느

모로 보나 자기보다 낮은 수준의 사람과 교제하는 것도 대부분이 허영심 때문이다.

사람은 누구나 자기가 속한 그룹에서 최고가 되기를 원한다. 즉 동료들로부터 칭찬과 존경을 받고 싶고 자기 뜻대로 그들을 이끌고 싶다고 생각하는 법이다. 대부분의 사람들은 그런 쓸데없는 찬사를 듣고 싶어서 자기보다 수준이 낮은 사람들과 교제하는 것이다. 그 결과가 어떠하리라고 생각하느냐?

그렇다. 얼마 못가서 자신도 그런 사람과 똑같은 수준이 되어 자신보다 좀 더 나은 사람과 교제하려고 해도 그 뜻을 이루지 못하게 되어버린다.

다시 한 번 말하지만 사람은 교제하는 상대가 누구냐에 따라 똑같은 수준까지 올라가기도 하고 떨어지기도 한다. 사람들은 네가 만나는 친구를 보고 너를 평가하는 것이다.

letter 27
# 상대를 사로잡는
# 교제술을 익혀라

**나는 지금까지도** 처음으로 사교장에 나가 사람들을 소개받았을 때의 일을 또렷하게 기억하고 있다. 아직 케임브리지대학의 학생 티를 채 벗지 못했던 나는, 눈앞에 있는 어른들이 눈부시고 어렵게만 보여 어찌할 바를 모른 채 몸도 제대로 가누지 못하고 있었다. 당황하지 말고 우아하게 행동해야 한다고 나 자신을 타일렀지만 인사를 할 때 남보다 머리를 더 많이 숙이는 나의 행동은 부자연스럽고 경직되어 있었으며 누군가가 내게 말을 걸어오면 용기를 내어 말을 잘 하려고 해도 입이 떨어지지 않을 정도로 굳어 있었다. 수군거리고 있는 사람들을 보면 그들이 나에 대해서 뭐라고 하는 것은 아닐까 하는 생각이 들었고 그 자리에 있는 모든 사람이 나를 향해 손가락질하고 바보 취급하며 비판하고 있다고 생각되었다. 돌이켜 생각해보면 참으로 순진했던 것 같다. 도대체 누가 나 같은 풋내기에게 신경이나 썼을까 말이다.

그 시간 동안 나는 마치 감옥에 갇힌 죄수의 심정으로 그 자리에 있었다. 만약 훌륭한 사람들과 교제하여 나 자신을 갈고 닦으려는 강렬한 의지가 없었다면 아마 나는 그곳에서 맥없이 물러서고 말았을지도 모른다. 하지만 나는 끝까지 그 자리에 버티고 서 있었다. 어떻게 해서든 나 자신을 그 사람들과 잘 어울리게 만들지 않으면 안 된다고 생각했기 때문이다.

그렇게 결심하자 마음이 조금 편안해지는 것이 느껴졌고 행동이 훨씬 자연스러워졌다. 조금 전처럼 어색하게 고개를 숙이지 않았고 누군가 내게 말을 걸어와도 우물거리지 않고 부드럽게 대답할 수 있었다.


사교장에서 어떻게 처신해야 할지를 몰라 진땀을 흘리고 있는 모습을 본 사람들이 이따금 나에게 다가와 말을 걸어주었다. 그때 나는 천사가 나를 위로하러 온 것이라고, 나에게 용기를 주러 온 것이라고 생각했다.

그러자 차츰 용기가 솟아났다. 나는 고상한 분위기를 풍기는 부인에게 다가가 "오늘은 날씨가 좋군요"라고 말을 걸었다. 그러자 부인은 매우 정중하게 "나도 그렇게 생각해요"라고 답해주었다. 그리고 대화가 잠시 끊어졌다. 나로서는 더 이상 무슨 말을 계속해야 좋을지 알 수 없었다. 그때 그 부인의 목소리가 다시 들려왔다.

"당황할 필요 없어요. 내게 말을 거는 데 무척 용기가 필요하셨던 모양인데……. 그렇다고 여기에 모인 분들과의 교제를 단념하겠다는 생각은 절대 하지 말아요. 다른 분들도 당신의 마음을 다 알고 있어요. 허물없는 교제를 원한다는 것을. 그 마음이 중요해요. 그 다음은 방법을 익히는 게 문제죠. 당신은 자신이 생각하는 것처럼 결코 사교에 서투른 분이 아니에요. 수업을 받으면 곧 훌륭하게 사교계에 입문할 수 있어요. 내가 도움이 된다면 기꺼이 친구들을 소개해드릴 수도 있어요."

이 말을 듣고 얼마나 기뻤는지 상상할 수 있겠느냐? 그리고 또 내가 얼마나 당황했는지도. 나는 두세 번 헛기침을 했다. 뭔가 목을 꽉 막고 있는 느낌이어서 그렇게 하지 않으면 말을 할 수 없을 것 같았다.

"부인의 친절한 말씀에 감사드립니다. 저 스스로 저의 행동에 자신을 가질 수 없는 이유가 있습니다. 훌륭한 분들과의 교제에 익숙하지 않기 때문이죠. 하지만 저의 선생님이 되어주신다니 어떻게 감사를 드려야 할지 모르겠습니다."

내 말이 끝나자마자 그 부인은 기다렸다는 듯이 자신의 친구 서너 명을 불러서 나를 그들에게 소개하며 말했다.

"여러분, 제가 이 젊은 분의 교육을 맡기로 했습니다. 이분은 그것을 기꺼이 받아들이고 계십니다. 이분은 내가 마음에 꼭 드셨던 모양입니다. 그렇지 않다면 잔뜩 긴장한 채 용기를 내어 나에게 "오늘은 날씨가 좋군요"라고 말을 걸지 못했을 거예요. 여러분들도 모두 이 분을 도와주세요. 이분에게는 좋은 본보기가 필요합니다. 내가 좋은 본보기가 못 된다고 생각하시면 이분은 아마도 다른 분을 찾으시겠죠. 그렇지만 오페라 가수나 여배우를 택하시면 안 됩니다. 그런 분들과 사귀게 되면 세련되기는커녕 오히려 부를 탕진하게 되고 건강도 잃고 결국에는 사고방식까지 거칠어져서 타락에 빠지게 될 뿐이니까요."

부인의 연설을 듣고 그 자리에 있던 그녀의 친구들이 웃었다. 나는 무뚝뚝한 표정으로 서 있었다. 나는 그 부인이 진심으로 말하고 있는 것인지 아니면 나를 놀리고 있는 것인지 알 수가 없었다. 아무튼 나는 기쁘기도 하고 창피하기도 했으며 용기를 얻기도 하고 실망하기도 하면서 그 부인의 연설을 듣고 있었다.

나중에 알게 된 사실이지만 그 부인은 진심이었다. 부인이 소개해준 다른 분들은 사람들 앞에서 나를 정말로 잘 감싸주었다. 그로 인해 나는 차츰 자신감이 생기기 시작했다. 우아하게 행동하는 것이 이제는 더 이상 부끄럽지 않게 느껴졌다. 좋은 본보기를 발견하면 열심히 따라했다. 그러다 보니 더욱 편안한 마음으로 좋은 본보기를 금방 따라할 수 있게 되었고 결국 거기에 스스로 나름대로의 방법을 접목시킬 수도 있게 되었다.

너도 역시 다른 사람으로부터 호감을 사는 사람이 되고 싶다면, 사회에서 훌륭한 일을 하고 싶다고 마음을 굳게 먹는다면, 무엇이든 못할 일이 없을 것이다. 하고자 하는 의욕과 끈기가 있다면 말이다.

*letter 28*
# 사람을 있는 그대로 평가하는 안목을 길러라

젊은이들은 사람에 대해서나 사물에 대해서 보고 듣는 것 모두를 과대평가 하는 경향이 있다. 그것은 잘 모르기 때문이다. 진실을 알게 되면 그 평가는 점점 떨어질 것이다. 인간은 결코 젊은이들이 생각하고 있는 것처럼 그렇게 이지적이거나 이성적인 존재가 아니다. 감정에 의해 쉽게 무너져버리는 나약함도 가지고 있다.

일반적으로 유능하다는 평가를 받은 사람들도 절대적이지 않다는 것을 너 또한 잘 알고 있을 것이다. 그럼에도 불구하고 '유능하다'는 평가를 받는 것은 다른 사람들과 비교했을 때 상대적으로 그렇다는 것이다. 다시 말해 일반인들보다 결점이 적다는 이유만으로 유능하다는 평가를 받을 수 있는 것이다.

우선 그들은 자기 자신을 억제하고 결점을 보완함으로써 대다수의 사람들을 잘 다룬다. 그들은 이성의 힘을 빌려 사람을 다룬다는 것과 같은 어리석은 짓은 하지 않는다. 그들은 감정이나 감각 등 인간의 다루기 쉬운 면을 아주 교묘하게 이용한다. 그러므로 실패하는 일은 거의 없다. 자세히 살펴보면 사람들이 위대하다 혹은 완벽하다고 부르는 사람에게도 결점이 있다는 것을 금방 알아차릴 수 있다.

저 위대한 로마의 정치가 브루투스도 역시 마케도니아에서는 도적놈 같은 짓을 하지 않았더냐! 프랑스의 추기경 리슐리외도 마찬가지다. 자신의 시적 재능을 높이 평가받기 위해 보기 흉한 표절을 하지 않았더냐!

스스로의 눈으로 인간이란 어떤 존재인가를 알기 위해서는 프랑스의 도덕주의자 라 로슈푸코 공작의 〈격언집〉을 참고하면 좋을 것이다. 이 책을 매일매일 조금씩이라도 좋으니 읽어두기 바란다. 이 책만큼 인간을 있는 그대로의 모습으로 정확히 파악하고 인간에 대해 많은 것을 일깨워주는 책은 없다고 생각한다.

이 책을 읽고 나면 너도 인간을 필요 이상으로 과대평가하는 오류는 범하지 않게 될 것이다. 그렇다고 이 책이 필요 이상으로 인간을 부당하게 깎아내리고 있는 것은 아니다. 그것은 내가 보증하마!

네 또래의 젊은이들은 항상 기운이 넘쳐흐른다. 어디로 튈지 알 수 없고, 자신의 젊음을 분출하기 위하여 위험한 행동도 서슴치 않는다. 그러나 그러한 무모한 젊음이 비난만 받는 것은 아니다. 신중함과 억제력이 더해지면 사람들로부터 환영을 받을 수도 있다. 그러므로 젊은이 특유의 들뜬 마음은 젖혀두고 젊은이다운 쾌활함과 패기로 사람들 속에 당당하게 뛰어들어라. 젊은이의 변덕은 비록 고의적은 아니라도 상대를 화나게 만들 수 있다. 하지만 패기 있고 당찬 모습은 사람의 마음을 사로잡는다.

　그러므로 가능하다면 만나야 할 사람들의 성격이나 처해 있는 상황을 미리 조사해두는 것이 좋다. 그렇게 하면 무계획적으로 지레 짐작하여 말하는 상황에 처하지는 않을 것이다. 앞으로 네가 만나게 될 사람들 중에는 마음씨 좋은 사람뿐만 아니라 마음씨가 나쁜 사람도 있을 것이다. 비판하기 좋아하는 사람도 많지만 그보다도 더 비판받아 마땅한 사람도 있을 것이다. 그런 사람들을 대할 때는 그 자리에 있는 대부분의 사람에게 해당되는 장점에 대해 칭찬하거나 단점에 대해 옹호해주면 좋다. 그렇게 하면 그것이 아무리 일반적인 이야기라고 해도 자기 자신에게 해당되는 말이라고 여겨 모두가 기뻐할 것이 틀림없다.

　사람은 특히 자기보다 우월한 사람들 속에 있으면 다른 사람들이 계속 자기만 보고 있는 것 같은 착각에 빠지게 된다. 다른 사람들이 작은 목소리로 소곤거리는 것만으로도 자신에 대해서 무언가 수군거리는 것이 아닐까 지레 짐작하게 되고 그들이 웃고 있으면 자기 때문에 웃는 것이 아닌가 생각하기 쉽다. 또 무엇인가 의미를 모르는 말을 듣게 될 경우에는 억지로 그 말을 자기에게 적용시켜 자기를 두고 한 말이 틀림없다고 오해하기 쉽다.

스크라브가 〈계략〉이라는 책에서 재미있게 기술한 바와 같이 '저렇게 크게 웃고 있잖아. 틀림없이 나를 보고 웃고 있는 거야' 하고 생각해버리는 것이다.

아무튼 훌륭한 사람들 속에 섞여 실수와 실패를 거듭하고 쓰라린 좌절감을 실컷 맛보는 동안 너도 점차 세련된 태도를 몸에 익히게 될 것이다.

남녀를 불문하고 네가 가장 친하다고 생각하는 사람 대여섯 명에게 이렇게 부탁해보거라.

"저는 젊고 경험이 부족해서 많은 무례를 저지르고 있다고 생각합니다. 저의 무례한 행동을 발견했을 때는 주저하지 마시고 지적해 주십시오."

그리고 실제로 지적을 받았을 때는 우정의 증거로 생각하고 상대에게 "감사합니다"라고 덧붙이는 것을 잊지 말아야 한다.

이처럼 마음을 털어놓고 상대의 도움을 청하고 도움을 준 사람에게 감사의 뜻을 표하면 지적해 준 사람도 기분이 좋아질 것이다. 그리고 그 사람은 다른 사람에게 그 이야기를 하고 네게 힘이 되어주라고 부탁할 것이다. 그렇게 되면 많은 사람들이 친절한 마음으로 너의 무례한 행동이나 부적절한 언행을 충고하게 될 것이다. 그리고 너는 서서히 몸도 마음도 자유로워지고 대화하는 상대에 따라 카멜레온처럼 변화무쌍하게 적응할 수 있게 될 것이다.

*letter 29*
# 성공하려면
# 적당한 허영심도 필요하다

 허영심 –다시 말해 남들로부터 찬사를 받고 싶어 하는 마음–은 어느 시대를 막론하고 인간이라면 모두가 가지고 있는 마음이라고 생각한다. 그러나 허영심이 지나치면 어리석은 언행이나 범죄 행위를 저지르기까지 한다. 그러나 다른 사람들로부터 칭찬받고 싶다는 욕구는 대체로 지금보다 더 나아지려는 마음과 연관되어 있다고 생각한다. 물론 그러기 위해서는 분별력과 향상심이 있어야 하지만 결국 허영심도 조금은 가지고 있는 것이 좋지 않을까라고 아버지는 생각한다.

다른 이들로부터 인정받고 싶다거나 칭찬받고 싶은 마음이 없다면 인간은 무슨 일에든 무관심하게 되고 의욕을 잃게 된다. 그

리고 실제로 아무것도 하지 않게 된다. 그렇게 되면 자신이 가진 능력을 발휘하지 못하게 되고 결국 자신의 능력 이하로 보이는 것에 만족할 수밖에 없다. 그러나 허영심이 강한 사람은 자신의 능력 이상으로 보이기 위해 많은 노력을 기울인다.

 나는 지금까지 네게 무엇 하나 숨기지 않고 이야기해왔고 앞으로도 나의 결점을 숨김없이 이야기할 것이다. 사실은 나도 허영심이 많은 편이었다. 그러나 아버지는 그것을 유감스럽게 생각한 적은 없다. 만약 나에게 사람들로부터 칭찬받을 수 있는 어떤 장점이 있다면 그것은 바로 나를 강하게 밀어 올린 허영심의 덕택이라고 생각한다.

 내가 사회에 첫발을 내디딜 당시에 나의 출세욕은 대단했다. 무슨 일이 있어도 사람들로부터 인정을 받고 찬사를 받고 신망을 얻어야 한다는 뜨거운 욕망을 가슴에 품고서 사회에 진출했다. 그로 인해 아주 어리석게 행동을 한 적도 있었지만 그 이상으로 신중하고 현명하게 처신해왔다고 생각한다.

 이를테면 남자들만이 모여 있을 때 나는 누구보다도 훌륭하고 뛰어난 사람이 되고자 노력했다. 그 노력이 내 속에 잠재되어 있던 능력을 끌어내어 최고는 되지 못해도 둘째, 셋째는 될 수 있게 만들었다.

얼마 지나지 않아 나는 모든 사람이 주목하는 대상, 즉 핵심적 존재가 되었다. 일단 그런 존재가 되면 자신이 하는 일이 모두 옳다고 여겨지는 법이다. 내 경우도 마찬가지였다. 나의 말과 행동이 사람들 사이에서 본보기가 되는 것을 지켜보는 것은 즐거운 일이었다. 그 후 나는 수많은 모임에 초청되었고 그곳의 분위기를 어느 정도 이끌게 되었다. 그로 인해 유서 깊은 가문의 여인들과 스캔들을 불러일으키기도 했다. 솔직히 고백하자면 진위조차도 알 수 없는 그 스캔들이 사실이 된 적도 몇 번 있었다.

남자들을 대할 때는 상대를 만족시키기 위해 프로테우스(그리스신화에 나오는 바다의 신. 갖가지 모습으로 둔갑할 수 있다)처럼 변신했다. 밝고 쾌활한 사람들을 만나면 누구보다도 밝고 쾌활하게 처신했고, 위엄 있는 사람들을 만나면 누구보다도 위엄 있게 행동했다. 나는 사람들이 나에게 베푸는 아주 작은 호의나 친구들이 주는 도움을 결코 그냥 지나치지 않았다. 일일이 신경을 쓰고 감사의 인사를 잊지 않았다.

그렇게 함으로써 상대가 만족했고 또한 나로서도 그들과 친해질 수 있는 계기가 되었다. 그러한 나의 행동과 얼마의 허영심은 나를 아주 짧은 시간에 그 고장의 명사를 비롯하여 다양한 계층의 사람들과 잘 아는 사이가 되게 만들었다.

어느 철학자는 허영심을 '인간이 지닌 야비한 마음'이라 말했지만 나는 그렇게 생각하지 않는다. 내 안에 허영심이 있었기 때문에 지금의 '나'라는 인격체가 만들어 졌다고 생각한다.

    너도 젊은 시절의 나와 같은 정도의 허영심이 있으면 좋겠다.

*letter 30*
# 감사할 줄 아는 사람

얼마 전 로마에서 귀국한 분에게서 너에 대한 소식을 들었다. 로마에서 너만큼 환대 받은 사람이 없을 것이라는 말을 듣고 몹시 기뻤다. 파리에서도 역시 틀림없이 환대받을 것이라 믿는다. 파리 사람들은 외지에서 온 사람들, 특히 예의 바르고 마음이 따뜻한 사람에게는 친절하게 대한다. 그들의 친절에 대해 너도 호응할 수 있어야 한다. 그들은 네가 자기들 나라를 사랑하고 자기들의 행동이나 관습에 호감을 갖기를 바랄 것이다. 그렇다고 그런 호감을 입 밖으로 드러내 말하라는 것은 아니다. 물론 말로 하는 것도 나쁘지는 않겠지만 그런 마음은 행동으로 충분히 전할 수 있다.

파리에서 환대를 받는다면 그 정도의 답례는 하는 것이 좋다는 생각인데 너는 어떠냐? 나도 아직 가보지는 못하였지만 아프리카에 갔을 때 그 곳의 사람들에게 선의의 환대를 받는다면 상대가 누구든 그 정도 감사의 뜻은 표할 것이다.

파리에서 너의 거취 문제는 이미 완벽하게 처리해놓았다. 기숙사에도 즉시 들어갈 수 있을 것이다. 너는 이에 대해 크게 감사해야 한다. 최소한 6개월 동안은 기숙사에서 생활할 수 있다는 사실이 무슨 의미인지 깊게 생각해 보아라. 호텔에 기거할 경우에는 날씨가 나쁠 때 학교까지 가는 것이 문제가 될 것이고 그 외에도 부수적인 시간 낭비가 또 얼마나 많겠느냐. 문제는 그뿐 아니다. 더 중요한 것이 있다. 기숙사에서 생활하게 되면 파리의 상류층 젊은이들과 교제할 수 있는 기회가 주어질 것이다. 그리고 얼마 지나지 않아서 너도 파리 사교계의 일원이 될 것이다. 이런 특혜를 입은 영국인은 흔치 않을 것이다. 비용은 걱정할 필요 없다. 나에게 큰 부담은 가지 않는 정도니까 말이다.

또한 다행인 것은 너의 프랑스어 회화 실력이 거의 완벽에 가깝다는 것이다. 그러니 곧 프랑스 사회에 쉽게 익숙해져서 누구보다도 더 충실한 시간을 보낼 수 있는 것이다. 더 바랄 것이 무엇이겠느냐. 유감스럽게도 프랑스로 공부하러 간 대부분의 영국 청년들은 프랑스어를 제대로 구사하지 못한다. 게다가 사람들과 교제하는 방법도 모르기 때문에 표현을 제대로 하지 못하고, 프랑스 사회에 대해서도 이해하지 못한다.

결국 그들은 스스로 주눅이 들어 자신감을 잃어버린다. 겁 많고 자신감이 없는 사람은 수준 이하의 상대와 사귀게 된다. 무슨 일이든 스스로 '할 수 없다'고 생각하면 정말로 할 수 없게 되는 것이다. '한 번 해보자' 결심하고 자신감을 갖기 위해 노력하면 안 되는 것이 없는 법이다.

인간적으로 출중한 것도 아니고 교양도 제대로 갖추지 못한 사람이 쾌활하고 적극적이며 끈기 있는 성격으로 결국 출세하는 것을 너도 자주 보았을 것이다. 그런 사람은 어떤 고난에 부딪혀도 좌절하는 일이 없다. 몇 번이고 넘어져도 다시 일어나 돌진한다. 그리고 초지일관하여 마침내 뜻을 이루고 마는 것이다. 너도 이런 점을 본받아야 한다. 너 정도의 인격과 교양을 갖추고 있다면 훨씬 빠르고 확실하게 목표에 도달할 것이다. 너에게는 자질이 있기 때문에 낙관적으로 생각해도 좋다.

사회생활을 잘 해내기 위해서는 재능이 있어야 한다는 것이 첫 번째 조건이지만 더불어 불필요하게 드러내지 않는 뚜렷한 자기 주관을 갖고 확고한 의지와 불굴의 끈기가 있다면 결코 두려울 것이 없다. 무리하게 불가능에 도전할 필요는 없지만 가능한 일이라면 모든 수단과 방법을 동원해서 도전하면 반드시 길이 열리는 법이다. 한 가지 방법으로 되지 않으면 다른 방법으로 시도

함으로써 상대에게 어울리는 방법을 찾아내면 된다.

역사를 보면 강력한 의지와 끈기로 생각한 일을 끝내 이루는 사람들이 아주 많다는 것을 알 수 있다. 가령 마자랭(프랑스 정치가)과 여러 차례 교섭한 끝에 피레네 조약을 이끌어낸 재상 돈 루이 드 알로가 그런 사람이다. 그는 타고난 냉정함과 끈기로 중요한 협상에서 단 한 발도 양보하지 않고 합의에 도달했다.

마자랭은 이탈리아인처럼 쾌활하고 성격이 급한 인물이었다. 반면 돈 루이는 에스파냐인처럼 침착성과 끈기를 가진 인물이었다. 교섭 테이블에서 마자랭의 최대 관심사는 파리에 있는 숙적 콩데 공이 다시 반란을 일으키지 못하게 하는 일이었다. 그래서 조약을 서둘러 체결하고 파리로 돌아가고자 했다. 파리를 비워둔 사이에 무슨 일이 벌어질지 알 수 없었기 때문이다. 돈 루이는 이 점을 잘 이용하여 교섭 테이블에서 콩데 공의 이야기를 꺼냈다. 그 때문에 마자랭은 한 때 교섭 테이블 자체를 거부할 정도였다. 하지만 시종일관 냉정을 지킨 돈 루이는 마자랭과 프랑스 왕조의 의향에 반하는, 유리한 조약을 체결하는 데 성공했던 것이다. 이 조약이 성공할 수 있었던 것은, 불가능한 것과 가능한 것을 구별하는 재상 돈 루이의 능력이었다.

## 제7장
# 인간관계의 기술

letter 31
# 사람의 가치는
# 타인과의 관계로 측정될 수 있다

**지금까지** 어떤 사람들과 친분을 쌓는 것이 좋을지에 대해 이야기를 했다. 오늘은 그 사람들과 교제할 때 어떤 언행이 필요한가에 대해 이야기하고자 한다. 나의 오랜 경험에 근거한 결과이므로 네게도 도움이 되리라고 생각한다. 제일 먼저 말해두고 싶은 것은 아무리 훌륭한 사람들과 깊이 있는 우호적 관계를 맺는다 해도 네 자신이 상대방을 기쁘게 해주고자 하는 배려의 마음이 없으면 아무런 소용이 없다는 것이다.

언젠가 너는 스위스를 여행하는 도중에 어떤 사람으로부터 친절한 대접을 받아 무척 기뻤다고 편지를 보내온 일이 있었다. 그때 나는 너에게 친절히 대해준 분들께 감사의 편지를 보내고 또한 네게도 이런 편지를 보냈는데 지금도 기억하고 있는지 모르겠구나.

"만일 상대가 마음을 써준 것이 기뻤다면 너도 다른 사람에게 똑같이 마음을 써주어라. 네가 마음을 써주고 친절히 대해줄수록 상대방도 더 기뻐하는 법이다."

상대의 마음을 배려하는 것이 친분을 쌓는 가장 기본적인 원칙이라고 아버지는 생각하고 있다. 인간은 사랑하는 사람이나 친구에 대해서는 저절로 염려하고 기쁘게 해주고자 하는 마음이 솟아나는 법이다. 이런 마음이 없다면 실제로 다른 사람을 기쁘게 해줄 수 없다. 교제의 원칙은 상대방을 배려하는 이런 마음이다. 이 마음으로 상대를 대하면 어떻게 말하고 행동해야 좋을지 자연스럽게 알게 될 것이다.

사람을 기쁘게 해주고 싶어 하는 마음은 누구나가 가지고 있지만 실제로 사람과 교제를 하면서 어떻게 해야 상대가 기뻐하는가를 알고 있는 사람은 드물다. 너는 이 사실을 꼭 숙지하고 있기를 바란다. 그렇다고 해서 대단히 특별한 방법이 있는 것은 아니다. 내가 말해줄 수 있는 것은 단지 다른 사람으로부터 너 자신이 기쁨을 느꼈다면 너도 다른 사람에게 똑같이 해주라는 것이다. 다른 사람이 어떤 일을 해주었을 때 어떤 기쁨을 느꼈는지를 잘 생각해보고 기억해두어라. 그리고 너도 똑같이 행동하면 된다. 그러면 상대방도 분명히 기뻐할 것이다.

그럼 실제로 사람을 기쁘게 해주는 좋은 교제를 하기 위해서는 어떤 점에 유의해야 할까?

우선 대화를 나눌 때 말을 잘하는 것은 좋지만 혼자서만 이야기를 계속하는 것은 좋지 않다. 만일 어쩔 수 없이 말을 오래 해야 한다면 듣는 사람이 지루하지 않도록 주의해야 하고 가능한 상대가 즐겁게 들을 수 있도록 해야 한다는 것에 유념해라. 혼자 이야기하는 것은 최소한으로 해두는 것이 좋다. 대화란 혼자 독점하는 것이 아니다. 상대가 자기 몫을 하도록 하고 너는 네 몫의 이야기만 하면 된다.

간혹 혼자서 계속 떠드는 사람이 있는데 그런 사람은 대개 그 자리에서 말수가 적은 사람이나 어쩌다 옆에 앉은 사람을 붙잡고 속삭이듯이 계속 말을 이어간다. 이런 행동은 아주 예절바르지 못한 행동으로 결코 정당한 태도라고 말할 수 없다. 대화란 공동으로 만들어내는 상호간의 행위임을 명심해야 한다.

그러나 만약 네가 그런 몰지각한 사람에게 붙잡혔을 경우, 참고 들어야 할 수밖에 없는 상대라면 참아야 한다. 적어도 겉으로는 그 사람의 이야기에 관심을 갖고 있는 것처럼 가만히 견뎌야 한다. 절대 거절해서는 안 된다. 그 사람에게는 네가 자기의 말에 귀를 기울여주는 것보다 기쁜 일은 없다. 이야기 도중에 귀를 기울이지 않거나 몹시 견디기 힘든 표정을 짓는 것만큼 그 사람에게 모욕적인 일은 없다.

대화의 내용은 가능하면 그 자리에 있는 사람들의 관심을 유발할 만하고 또한 유익한 것을 고르는 것이 좋다. 역사나 문학 이야기, 타국에 관한 이야기 등은 날씨나 패션 혹은 세간에 떠도는 소문을 이야기하는 것보다 훨씬 유익하고 즐거울 것이다.

간혹 가볍고 익살스러운 이야기가 필요할 때도 있을 것이다. 내용이 가벼운 이야기는 다양한 사람들이 모였을 때 공통의 화제로써 가장 적절할 것이다.

예를 들어 어떤 중대한 사건을 놓고 협상을 하는 도중에 더 이상 이야기가 계속되면 분위기가 험악해질 염려가 있을 때, 가볍고 유머러스한 이야기를 함으로써 무거운 분위기가 가라앉는 경우가 있다. 긴장된 분위기 속에서 잠시 가벼운 이야기를 한다는 것이 전혀 부끄러운 일이 아니다. 이것이 오히려 세련된 말솜씨라고 생각한다.

유머를 소중히 여겨라. 멋진 웃음이나 유머는 여유가 있고 강한 사람에게서 우러나오는 법이다. 웃음은 '백약百藥의 으뜸'이라는 말이 있듯이 유머는 일이 잘 풀리지 않아서 고민에 빠져 있을 때나 괴로울 때에 마음에 위로를 준다. 유머와 웃음을 소중히 하고 적절히 구사한다면 삶을 여유롭게 하고 어려움을 극복하는 강력한 무기가 될 수 있다.

정치가에게는 정치가에게 어울리는 화제가 있고 철학자에게는 철학자에게 어울리는 화제가 있다. 물론 여성에게는 여성에게 어울리는 화제가 있다. 상대가 누구냐에 따라서 화제를 준비하라는 것은 새삼스럽게 강조할 필요가 없을 것이다. 내가 가르쳐주지 않아도 너는 항상 똑같은 화제를 똑같은 태도로 이야기할 만큼 어리석지 않으니까 말이다. 삶의 경험이 풍부한 사람이라면 충분히 알고 있을 것이다. 상대에 따라서 빛깔을 달리하는 카멜레온처럼 자유자재로 색깔을 바꾸고 화제를 선택하거라. 이것은 사람들과 교제하는 과정에서 빼놓을 수 없는 윤활유와 같은 것이다. 그렇다고 자신이 그 자리의 분위기를 조성해야 한다고 생각할 필요는 없다. 가장 좋은 것은 주위 분위기를 잘 간파하여 진지하게 혹은 쾌활하게 대화에 참여하면 된다.

자기 스스로 드러내 놓고 말하지 않아도 자신에게 장점이 있으면 대화 속에서 자연스럽게 분출되는 법이다. 만일 자신 있는 화제가 없으면 스스로 화제를 이끌려고 하기보다는 다른 사람이 하는 이야기에 맞장구를 치며 듣는 쪽이 더 좋다.

의견 대립이 발생할 수 있는 화제는 피하는 것이 좋다. 의견 대립으로 분위기가 험악해질 것 같으면 번득이는 기지를 발휘하여 이야기를 빨리 끝내는 쪽이 현명하다.

어떠한 일이 있어도 절대로 해서는 안 되는 것은 자기 자신에 관한 이야기를 꺼내는 일이다. 아무리 훌륭한 사람이라도 자기 이야기를 하게 되면 허영심이나 자존심이 자연히 겉으로 드러나 다른 사람들에게 불쾌감을 주게 되는 법이다.

자기 자신에 관한 이야기도 여러 종류가 있다. 대화의 흐름에 개의치 않고 갑작스럽게 자기 이야기를 꺼내고 끝내는 자기 자랑으로 이어지는 사람이 있는데, 이는 매우 몰지각한 행동이다. 어떤 사람은 교묘하게 자기 이야기를 꺼내기도 한다. 가령 자기의 좋은 점만을 이야기하고 자신을 정당화하면서 자기 자랑을 하는 것이다.

　확실히 정의正義라는 것은 누구에게나 있다. 비난을 받으면 혐의를 벗기 위해 평소에 잘 안 하는 말까지도 하게 된다. 물론 충분히 이해할 수 있는 행동이다. 그러나 이는 얼마나 얕은 생각인가. 자신의 허영심을 위해 앞뒤 가리지 않고 아무 데서나 옷을 벗어던지는 행위라니! 이는 얼마나 조심성 없고 뻔히 보이는 속셈인가.

　자기 이야기를 하면서 좀 더 유치한 것은 자기를 비하하는 방법으로 시선을 끌려는 사람이다. 이것은 더욱 어리석은 행동이다. 그런 사람은 우선 자기가 매우 약한 사람이라고 고백한다. 그러고 나서 자기가 겪은 불행을 한탄하고 기독교의 칠덕七德에 맹세한다(물론 다소 부끄러움이나 망설임을 느끼고 있는 듯이 보이기도 하지만).

　이런 사람들은 그런 식으로 불행을 한탄한다고 해서 주변 사람들이 동정을 하거나 힘이 되어주지 않는다는 사실을 알지 못한다. 주변 사람들은 오히려 난처하고 당혹스러울 뿐이다. 주변 사람들은 그의 억울함의 호소에 대해 어떻게 해줄 수가 없다. 그러므로 당혹스러울 수밖에 없는 것이다. 그런데 거기까지 생각하지 못하는 이들은 스스로도 바보 같은 짓임을 알면서도 푸념을 늘어놓는 것이다.

하지만 그렇다고 해서 그 결점을 고칠 수 있는 것도 아니다. 그래서 온몸으로 몸부림치고 저항하는 것이다. 설마 그럴까 생각할지 모르지만 사실이다. 너도 종종 이런 사람을 만나게 될 터이니 주의해서 살펴보는 것이 좋을 것이다.

그러나 이처럼 허영심이나 자존심이 겉으로 드러나지 않는 것은 그래도 나은 편이다. 어떤 사람은 정말 아무것도 아닌 것을 내세워서 노골적으로 자기 자랑을 일삼는다.

오로지 칭찬받고자 하는 단 한 가지 생각만으로 자기 자랑을 늘어놓는 사람을 너도 본 적이 있을 것이다. 물론 그들의 이야기가 진실이라 하더라도(그런 일은 좀처럼 찾기 힘들겠지만) 그것으로 칭찬받는 일은 그리 흔치 않을 것이다.

이를테면 자기는 저 유명한 아무개의 자손이라든가 친척 혹은 지인知人이라고 하는 등 자기와 별 상관없는 일을 자랑스럽게 이야기하는 사람이 있다. 저의 할아버지는 아무개입니다. 백부는 아무개고 친구 중에는 누구누구가 있습니다. 등등.

또 그것이 정말이라고 해도 그것이 뭐 어쨌다는 말인가? 그렇다고 해서 그 사람이 더 훌륭해지는 것은 아니다.

어떤 사람은 혼자 술을 몇 상자 비웠다고 자랑스럽게 말하기도 한다. 그 사람 자신을 위해서 말하건대 그것이 거짓말이 아니라면 그는 괴물일 것이다.

이처럼 예를 들자면 끝이 없을 만큼 우리 인간은 허영심 때문에 어리석게도 과장된 이야기를 꾸민다. 그리고 그로 인해 본래의 목적을 달성하기는커녕 오히려 자신에 대한 신뢰만 깎아내리게 된다. 본질과 전혀 상관없는 얘기를 꺼내 자기 자랑을 늘어놓는다는 것은 스스로 내용이 없다는 것을 폭로하는 것에 다름 아니다.

이런 바보 같은 행동을 하지 않기 위한 유일한 방법은 자기에 관한 이야기를 하지 않는 것이다. 사회생활에 필요한 자기 경력 등과 같이 자기 자신에 관한 이야기를 꼭 해야만 할 경우라도 자기 자랑을 하고 있다고 오해를 받을 만한 말은 직접적인 것이든 간접적인 것이든 일체 삼가는 것이 좋다.

인격이라는 것은 선악에 관계없이 언젠가는 알려지게 마련이다. 일부러 자진해서 말할 것까지는 없다. 게다가 본인이 자기 입을 통해서 그런 이야기를 하면 아무도 그것을 믿지 않을 것이다. 스스로 말하면 그 결점이 감춰지거나 장점이 두드러질 것이라고 생각하는 것은 착각이다. 오히려 그런 행동은 결점을 더욱 두드러지게 만들며 장점은 감춰버리는 결과를 초래한다.

스스로 침묵하고 있으면 상대는 오히려 그 사람에게 장점이 있다고 생각하는 법이다. 최소한 점잖은 사람이라고 인정할 것이 틀림없다. 그러면 불필요한 질투나 비방이나 비웃음을 받아 정당한 평가를 받지 못하는 일은 없을 것이다.

자기 결점을 아무리 교묘하게 감추고 있다고 생각하더라도 자기 스스로 그것을 말해버리면 주위 사람들의 반감을 사게 되고 생각지도 않은 결과에 실망하게 될 것이다. 그런 일을 미연에 방지하기 위해서는 자기 자신에 관한 이야기를 절대로 하지 않아야 하는 것이다.

*letter 32*
# 대화의 방정식

무슨 생각을 하고 있는지 알 수 없는 사람이나 성격이 어두워 보이는 사람을 본 적이 있을 것이다. 너는 그런 사람들을 보면 어떤 생각이 드느냐?

그런 사람은 인상이 좋지 않아서 섣부른 오해를 사게 되며 누구도 그런 사람에게 자신의 속마음을 털어놓으려 들지 않을 것이다.

현명한 사람은 내면은 신중하더라도 그것을 굳이 드러내지 않기 때문에 외면적으로는 누구와도 손쉽게 융합하고 잘 어울린다. 자기 본심은 굳게 지키면서 겉으로는 개방적인 것처럼 보이게 함으로써 상대의 경계심을 풀어버리는 것이다. 이렇듯 자신의 본심을 지켜야 하는 까닭은 부주의하게 아무 말이나 함부로 하면 그 말이 어딘가에 인용되어 자기들 편리한 대로 이용되기 때문이다. 그러므로 매사에 싹싹하게 행동하는 것과 마찬가지로 신중함도 중요한 요소다.

대화를 나눌 때는 항상 상대의 눈을 바라보아야 한다. 그렇지 않으면 상대로부터 뭔가 숨기고 있는 것이 아닌가 하는 오해를 받게 된다. 더구나 열심히 이야기하고 있는 사람의 눈을 바라보지 않는 것은 기본적인 예의에 어긋나는 일이다. 천장을 올려다보거나 창문 밖을 내다보거나 탁자에 놓인 재떨이를 만지작거리거나 하면서 상대의 이야기에는 관심이 없는 듯한 행동을 한다면, 상대가 자존심이 강한 사람이라면 그런 행동을 보고 분을 참지 못해 얼굴을 찌푸릴 것이다. 아니, 조금의 자존심이라도 있다면 이런 취급을 받고 기분이 상하지 않을 사람은 없을 것이다. 대화할 때 상대의 눈을 바라보지 않는 것은 나쁜 인상을 주는 것으로 끝나지 않는다. 그것은 상대의 반응을 관찰할 기회를 스스로 포기하는 것이다.

나는 상대의 마음을 읽으려면 귀보다도 눈에 의지해야 한다고 믿는다. 생각하고 있지 않은 것을 입으로 말하기는 쉽지만 눈으로 드러내기는 매우 힘든 일이라고 생각하기 때문이다.

또한 너에게 당부하고 싶은 것은 스스로 다른 사람의 추문에 귀를 기울이거나 퍼뜨리지 말라는 것이다. 당장은 즐거울지 모르지만 냉정하게 생각해보면 그런 짓이 아무런 득이 되지 않는다는 것을 알게 될 것이다. 다른 사람을 헐뜯는 사람은 언젠가는 반드시 그 자신이 비난받게 된다.

큰소리로 웃는 것도 삼가야 할 일이다. 큰소리로 웃는 것은 사소한 일에서만 즐거움을 찾는 우매한 자나 하는 행동이다. 기지가 뛰어나고 분별 있는 사람은 결코 다른 사람을 바보같이 웃기거나 스스로 바보같이 웃거나 하지 않는다.

가령 누군가가 의자에 걸터앉으려고 하다가 그만 넘어져서 엉덩방아를 찧었다고 생각해보아라. 이를 본 주위 사람들이 일제히 '와하하!' 하고 웃음을 터뜨린다면, 엉덩방아를 찧은 사람은 얼마나 창피할 것인가를 생각해 보아라. 다른 사람의 불행을 기뻐하는 것은 얼마나 천하고 속 좁은 즐거움이냐. 못된 장난이나 우발적 사건을 보고 폭소를 터뜨리는 것은 신사로서 멋있는 행위가 아니라는 것을 알아야 한다.

경솔한 웃음은 약간만 노력하면 간단히 참을 수 있다. 그것을 참지 않는 까닭은 사람들이 웃음 자체를 쾌활하고 즐거운 것, 좋은 것이라고 생각하는 고정관념을 갖고 있기 때문이다.

말을 하면서 무턱대고 웃는 습관을 가진 사람이 있다. 내가 알고 있는 사람 가운데 와라 씨가 그렇다. 인격은 훌륭하지만 웃지 않으면 이야기가 안 되는 버릇이 있는 것이다. 이 사람에 대해 잘 모르는 사람은 이런 버릇을 보고 처음에는 조금 정신이 이상한 사람이라고 생각할 수도 있다. 그밖에도 사람에게는 좋지 않은 인상을 풍기게 하는 버릇들이 많이 있다. 처음 사회에 진출했을 때 지루한 시간을 달래기 위해 이상한 흉내를 내거나 무의식중에 한 번 해본 동작이 그대로 몸에 밴 것이 아닐까?

사회에 처음 나섰을 때는 처신을 어떻게 해야 할지를 몰라 다양한 표정을 지어보기도 하고 여러 동작을 시도해보기도 하는 경우가 있다.

너는 자신의 모습을 스스로 잘 관찰하여 자기도 모르게 습관이 된 몸동작이나 버릇이 있으면 반드시 교정하는 노력을 기울이기 바란다.

*letter 33*
# 조직에서 성공하려면

**어떤 집단에도** 그 집단 특유의 배경이 있을 것이다. 거기에서 그 집단만의 독특한 표현법이나 말씨가 생겨나고 나아가 특유의 유머나 농담이 생겨나는 것이다. 그것을 토양이 다른 집단으로 가져가면 무미건조해지고 재미도 없어지는 것은 당연하다. 기지나 유머, 혹은 농담은 어떤 특정한 집단 내에서만 통용될 경우가 많다.

재미없는 농담만큼 비참한 것은 없다. 잔뜩 기대하고 앉아 있던 사람들은 흥이 깨지고 심한 경우에는 무엇이 재미있는지 설명해달라는 말까지 듣게 된다. 그럴 때의 비참한 기분은 굳이 말하지 않아도 충분히 알고 있을 것이다.

농담뿐만이 아니다. 어떤 모임에서 들은 말을 다른 모임에 가서 함부로 말해서는 안 된다. 자신은 하찮은 일이라 생각하고 이야기할지 모르지만 그 말이 돌고 돌아서 결국에는 중대한 사태를 초래할지도 모른다.

더구나 그런 행동을 하는 것은 무엇보다 예의에 어긋나는 일이다. 법으로 규정되어 있는 것은 아니지만 어딘가에서 들은 이야기를 함부로 옮기는 것은 무언의 약속을 지키지 않는 것과 같다.

어떤 집단에나 이른바 '호인'이라 불리는 사람이 있다. 사람 좋다는 이유 하나만으로 그 집단에 들어가게 된 사람이다. 그런 사람을 잘 관찰해보면 아무 쓸모도 없고 매력도 없고 자신의 의견이나 의지도 없는 경우가 많다.

그런 사람은 동료들의 일이나 말하는 것을 무엇이나 쉽게 받아들이고 양보하고 칭찬한다. 동료들 대부분이 동의했다는 것만으로 아무리 잘못된 일이라도 아주 간단하게 영합해버린다. 왜 그런 바보스러운 짓을 할까? 그것은 자기 의견을 전혀 갖고 있지 않기 때문이다.

너는 정당한 이유로 그 단체의 일원으로 받아들여지도록 해야 한다. 그러기 위해서는 자기 의지와 생각을 갖고 있어야 하고 쉽게 바꾸지 않아야 한다. 하지만 이를 표현할 때는 예의바르고 유머러스하게 그리고 가능한 품위 있게 해야 한다. 지금 네 나이로는 높은 위치에서 말하거나 마치 비난하듯 말하는 것은 아직 이르다.

이른바 '호인'식의 아첨이 아니라면 다른 사람에게 붙임성 있게 행동하는 것은 비난받을 일이 아니다. 오히려 사람들과 교제하기 위해서는 꼭 필요한 것이 아닐까 생각한다. 가령 대수롭지 않은 결점은 눈감아주고 눈에 거슬리는 말이나 행동도 너그럽게 봐주는 것이다. 뿐만 아니라 일정한 범위 내에서 적극적으로 공치사를 하는 것도 필요하다.

어떤 집단이든 그 집단의 말투나 패션, 취미나 교양을 좌우하는 인물이 있기 마련이다. 어느 집단이 일정기간 유지되다보면 자연스럽게 회원들의 지지를 받는 인물이 탄생하게 된다. 모든 사람의 시선이 이런 사람에게 집중되는 것은 자연스러운 일이다. 일종의 카리스마가 있는지도 모른다.

네가 그 집단의 회원인 경우 그 사람의 행동과 스타일이 네 마음에 들지 않는다고 하여 그 사람의 의견에 사사건건 말꼬리를 잡고 반대의견을 내면서 역행하면 어떻게 될까? 결과는 집단으로부터의 추방이다. 너의 어떠한 기지와 예절, 취미와 패션도 즉시 거절당한다. 그러므로 그런 사람에 대해서는 그의 의견이나 주장에 가능하면 따르는 것이 좋다. 약간의 아첨도 괜찮다. 그렇게 하면 추천장을 받은 것과 같이 그 집단 내에서뿐만 아니라 이웃 영토에까지 자유롭게 출입할 수 있는 통행증을 손에 쥘 수 있는 기회가 올 것이다.

letter 34
# 칭찬과 배려는
# 상대를 공략하는 가장 좋은 전술이다

　　　　　　　　　　🌿 인간에게는 제각기 나름의 버릇이나
취미, 좋고 싫음 등의 감정이 있다. 그리고 말로 표현하지는 않지
만 각자의 마음속에는 '이것만은 지켜야지' 라는 자존심을 간직
하고 있다. 그것을 세밀히 관찰해서 상대가 좋아하는 것은 눈앞
에 내놓고 싫어하는 것은 감추는 것이다. 상대를 즐겁게 하고 그
에게 칭찬을 받고 사랑을 받고 싶다면 상대에 대해 배려하는 마
음을 잊지 않아야 한다.

　　예를 들어 네가 누군가를 접대해야 하는 자리에서 너의 세밀
한 관찰로 알게 된 그 사람의 기호에 맞춰서 "당신이 좋아하시는
○○술을 준비했습니다" 하고 말했다고 하자. 그러면 상대방은

'어, 이 사람이 내가 이 술을 좋아하는지 어떻게 알고 있지.' 하며 너의 관심에 기분이 좋아질 것이다. 그러면 자연스럽게 상대방은 말로 표현하지는 않아도 너에 대하여 관심을 보이기 시작할 것이다. 아주 사소하지만 그런 배려가 상대의 마음을 열게 하고 감격하게 만드는 것이다.

반대로 싫어하는 줄 뻔히 알면서도 부주의로 그것을 내놓는다면 결과는 명백하지 않겠느냐? 상대는 바보 취급을 당했다고 생각하거나 푸대접 받았다고 여겨 그 일을 마음속에 늘 품고 있을 것이다.

아주 사소한 것이라도 좋다. 사소한 일이면 사소한 일일수록 상대는 더 특별하게 느끼며 더 큰 배려를 받았을 때보다 크게 감격하는 법이다.

너 자신도 상대의 아주 사소한 배려가 얼마나 기뻤는지를 기억하고 있을 것이다. 인간이라면 누구나 조금씩은 지니고 있는 허영심이 상대의 배려로 인해 얼마나 만족감을 느끼게 되었는가를 말이다. 그뿐 아니다. 단지 사소한 배려 몇 번 받은 것으로 이후 상대에게 호감을 갖게 되고 그 사람이 하는 모든 행동을 호의로 받아들이게 되지 않았더냐? 인간이란 그런 것이다.


특정한 누군가의 마음에 들고 싶고 특정한 누군가와 친

하게 지내고 싶다면 그 사람의 장단점을 찾아서 그가 칭찬받고 싶어 하는 부분을 칭찬하는 방법도 있다.

사람에게는 실제로 우수한 부분과 우수하다고 인정받고 싶어 하는 부분이 있는 법이다. 우수한 부분을 칭찬받을 때 기뻐하는 것은 당연한 일이다. 하지만 그보다 더 기쁜 일은 스스로 인정받고 싶은 부분에 대해 칭찬을 받는 것이다. 이보다 더 자존심을 채워주는 것도 없다.

어떤 사람이든 상대방으로부터 칭찬받고 싶어 하는 부분이 있다. 그것을 찾으려면 항상 주의를 기울여 그 사람이 주로 화제로 삼는 것이 무엇인지 관찰하면 된다. 대부분의 사람들은 스스로 칭찬받고 싶은 것, 자신이 우수하다고 여기고 있는 것을 주로 화제로 삼는 경향이 있다. 그곳을 잘 공략하면 틀림없이 상대를 감격하게 만들 수 있다.

오해가 없기를 바란다. 내가 말하고자 하는 것은 야비하게 사람의 마음을 아부로 움직이라는 의미가 아니다. 다른 사람의 결점이나 악행까지 옹호할 필요는 없으며 그래서도 안 된다. 오히려 그런 점은 예의에 벗어나지 않는 태도로 좋지 않다고 당당하게 말해주어야 한다고 생각한다. 그러나 반드시 유념해두어야 할 것은 인간이 가진 결점이나 천박하고 실속 없는 허영심에 대해 눈을 감아주지 않는다면 결코 세상을 평탄하게 살아갈 수 없다는 점이다.

실제의 모습보다 더 현명한 사람으로 인정받고 싶어 하는 마음, 또 실제보다 더 아름답게 보이고 싶다는 그런 생각을 가진 사람에게 그것은 잘못된 생각이라고 지적한 이후의 상황은 아버지의 경험을 이야기하면 정말 아찔하다. 괜히 쓸데없는 말로 상대를 불쾌하게 만드는 것보다는 차라리 약간의 공치사로 상대의 마음을 즐겁게 하도록 하여야 한다.

상대에게 내가 공감할 수 있는 장점이 있다는 것을 발견했을 때는 기분 좋게 칭찬할 수 있을 것이다. 그러나 나로서는 딱히 찬성할 만한 부분이 없다고 생각함에도 사회로부터 인정받고 있는 것이 사실이라면 찬성하는 쪽이 나은 때도 있는 것이다.

내가 볼 때 너에게는 다른 사람을 칭찬하는 재주가 부족한 것 같다. 그것은 네가 인간이 얼마나 자기 생각이나 취향에 대해 지지를 받고 싶어 하는지, 더 나아가 잘못된 생각이나 결점까지도 너그럽게 보아주기를 바라는지 아직 잘 모르기 때문이다.

사람들은 자기 생각뿐만 아니라 습관, 패션 같은 아주 사소한 것이라도 흠이 잡히면 불쾌하게 여기는 것이고 반대로 인정을 받게 되면 매우 기쁘게 생각하는 법이다.

사람에게는 제각기 특유의 사고방식이나 행동 양식, 성격과 외관이 있다. 그것들에 관해서는 적어도 입 밖에 내어 이러쿵저러쿵 말하지 않는 것이 일종의 불문율처럼 되어 있다. 그러므로 조금쯤 사실과 다르더라도 그것이 특별히 나쁜 일이 아니라면 자진해서 순응하는 것도 중요하다고 생각하고 있다.

　상대방을 가장 기쁘게 하는 칭찬의 방법은 조금 전략적이기는 하지만 그 사람이 없는 곳에서 칭찬하는 것이다. 그렇다고 그 사람의 귀에 들리지 않는다면 의미가 없다. 그 칭찬은 상대방에게 확실히 전해져야 한다. 따라서 중요한 것은 칭찬의 말을 정확히 전해줄 사람을 선정하는 일이다. 그 말을 전함으로써 이득을 볼 사람을 찾으면 된다. 그런 사람은 확실하게 전해줄 뿐만 아니라 더 과장해가면서 칭찬해줄지도 모른다. 다른 사람에 대한 찬사 중에서 이보다 더 기쁘고 효과적인 것은 없다고 해도 지나친 과언은 아니다.

　이제껏 말해온 것들은 앞으로 사회생활을 하게 될 네가 기분 좋은 교제를 하기 위해 꼭 필요한 것들이라고 생각하면 된다. 나도 네 나이 때 이런 것들을 알고 있었다면 얼마나 좋았을까? 내가 이것들을 깨닫는 데는 35년이 걸렸다. 하지만 네가 이제 그 열매를 거두어준다면 후회는 없다.

*letter 35*
# 좋은 친구가 많으면
# 자연스레 강자가 된다

　　　　　　　　　이 세상에는 적이 없는 사람이 없고 또한 모든 사람에게 사랑을 받는 사람도 존재하지 않는다.

　나의 오랜 경험으로 볼 때 친구가 더 많고 적이 적은 사람이 이 세상에서 가장 강한 사람이다. 그런 사람은 좀처럼 원한을 사거나 질투를 받거나 하는 일이 없으므로 누구보다도 순탄하게 출세하고, 만약 몰락하더라도 사람들의 동정을 받아서 우아하게 몰락한다. 이런 관점에서 볼 때 친구를 많이 만들고 적을 적게 만드는 일은 항상 마음에 새겨두고 노력할 가치가 있는 목표가 될 수 있지 않겠느냐?

　오몬드Omonde(아일랜드의 정치가) 공작의 이야기를 들어본 일이 있느냐? 그 공작은 머리는 좋지 않았지만 예의범절에 관해서는 누구보다 앞선 사람으로 나라에서 제일가는 인품을 자랑했다. 본래 싹싹하고 상냥한 성격에다 궁정생활과 군대생활에서 몸에 익힌 말투와 행동에는 자상한 배려심이 스며 있어 그 매력은 이 사람의 무능력을 보충하기에 충분했다. 누구에게도 높은 평가는 받지 못했지만 누구에게나 사랑을 받았다.

그 인품이 뚜렷이 나타난 것은 앤 여왕이 죽은 후 불온한 세력들이 탄핵 재판을 받게 되었을 때의 일이다. 불온 세력에 동조했다는 혐의로 오몬드 공작에게도 형식상 동일한 처벌이 내려질 필요가 있었다. 그는 탄핵을 받았지만 철저하게 몰락할 만한 것은 아니었다.

오몬드 공작에 대한 탄핵결의안은 다른 사람들에 대한 것보다 훨씬 적은 찬성표로 상원을 통과했다. 그리고 탄핵의 주동자이기도 했던 당시 국무대신 스탠호프Stanhope(영국의 군인. 정치가)가 앤 여왕의 뒤를 이은 조지 1세와 재빨리 교섭하는 등 조정에 나섬으로써 다음날 공작을 왕에게 접견시킬 준비까지 되어 있었다.

오몬드 공작을 빼고는 이 소송에 이길 수 없다고 판단한 스튜어트 왕조 부활파의 로체스터 주교가 급히 이 아둔하고 가엾은 공작에게 달려가 "조지 1세와의 접견은 불명예스러운 복종을 강요당할 뿐 용서받을 수 없다"고 장담하며 공작을 달아나게 했다.

그 후 오몬드 공작의 권리에 대한 박탈이 가결되었을 때도 그것에 항의하는 군중들이 치안을 문란케 하는 등 대소동이 있었다. 공작에게는 적은 없었고 그를 옹호하는 호의적인 사람들이 많이 있었기 때문이었다. 오몬드 공작은 나라가 안정되자 여러 사람의 추천으로 다시 존경받는 정치인으로서의 임무를 수행할 수 있었다. 공작이 이와 같이 많은 사람들에게 존경받을 수 있었던 것은 다른 사람을 기쁘게 해주고자 하는 자연스러운 마음씨를 가지고 있었고 그것을 실천했기 때문이다.

인덕人德만큼 합리적이고 착실한 의지는 없다. 사람을 끌어올리는 것은 다른 사람들의 호의이고 애정이며 선의이다. 다른 사람의 호의와 애정, 선의를 얻기 위해서는 어떻게 하면 좋을까? 우선 그것을 얻으려는 스스로의 노력이 필요하다. 노력하지 않고 얻는 것은 없다. 내가 너에게 이야기하는 호의나 애정은 연인들 사이의 사랑이나 친구 사이의 우정처럼 가까운 사이에 국한되는 감정과는 다른 것이다. 우리들이 다양한 사람들과 만나 관계를 맺을 때 상대에게 알맞은 방법으로 그를 기쁘게 함으로써 얻을 수 있는, 보다 넓은 의미의 호의, 애정 선의를 말하는 것이다. 좋은 감정들은 상대와 이해가 대립되지 않는 한 언제까지나 계속되는 법이다.

내가 지금껏 40년 이상의 경험을 토대로 20세부터 인생을 다시 시작한다면 나는 대부분의 시간을 많은 사람들로부터 사랑받기 위해 노력하는 데 쏟을 것이다.

과거처럼 내게 관심을 가져주기를 바라는 남성이나 여성의 마음을 사로잡는 일에 골몰하여 그밖의 사람은 어떻게 되든 상관없다는 식의 행동은 결코 하지 않겠다.

만약 교제하고 싶은 인물에 대한 평가가 잘못되어 있으면(이런 일은 능력 있는 사람에게는 흔히 있는 일이다) 그 사람과의 관계를 어떻게 해야하는 문제에 봉착할 수가 있다.

이럴 때는 많은 사람들의 호감을 사는 쪽에 안주하는 것이 현명하다. 그것은 가장 커다란 방패이다. 남자든 여자든 인간이라는 것은 인덕에 약한 법이다. 인덕을 방패로 삼고 있는 사람은 성공의 가능성도 높다. 여자도 인덕이 있는 남자에게는 웬지 마음이 끌리는 법이다.

인덕을 얻는 것은 그리 어려운 일이 아니다. 우아한 태도, 진지한 눈빛, 세심한 배려, 상대를 즐겁게 해줄 수 있는 말, 분위기, 패션 등과 같이 아주 사소한 것들이 쌓여 상대의 마음을 붙잡을 수 있다.

지금까지 내가 만난 사람들 가운데는 겉으로 보기에는 매우 아름답지만 내 마음을 붙잡지는 못하는 여성, 분별력은 있지만 아무리 해도 마음이 끌리지 않는 인물들이 많이 있었다. 왜 그런지는 이미 알 것이다. 그렇다. 그런 사람들은 자신의 미모와 능력에 자신이 있기 때문에 다른 사람의 마음을 사로잡는 기술을 익혀두지 않았던 것이다. 이는 얼마나 잘못된 생각이냐?

나는 한때 별로 아름답다고 말할 수 없는 여성과 사랑에 빠진 적이 있다. 그러나 그 여자는 기품이 넘치고 무엇보다 다른 사람을 기쁘게 하는 방법, 상대의 마음을 사로잡는 방법을 알고 있었다. 나는 지금까지 내 인생에서 그녀와 사랑에 빠졌을 때만큼 누군가에게 열중했던 적이 없었던 것 같다.

제8장

# 더 나은 인격을 위한 제안

letter 36
# 머리보다 먼저
# 마음을 사로잡아야 한다

**아들아!** 지금은 너라고 하는 훌륭한 인격체를 형성하기 위한 구조물의 골조가 거의 완성되어 가는 단계라고 볼 수 있다. 남은 것은 어떻게 아름답게 마무리할 것인가이다. 그것이 너의 임무이며 또한 나의 관심사다. 가능한 모든 지성과 소양을 몸에 지녀야 한다. 물론 골조가 확고하지 않다면 그것들은 값싼 장식에 불과할 것이지만 골조가 튼튼하다면 너라는 구조물을 훨씬 돋보이게 만들 것이다. 뿐만 아니라 아무리 튼튼한 골조라도 조화를 이루는 장식이 없으면 매력이 반감될 수 있다.

너 역시 토스카나식 건축에 대해서 잘 알고 있을 것이다. 모든 건축 형식 가운데 가장 단단한 양식이지만, 세련미가 떨어지고 멋없는 양식이기도 하다. 튼튼하다는 점에서는 큰 건축물의 기초나 토대에는 가장 적합하다고 할 수 있지만, 만약 건물 전체를 토스카나식으로 짓는다면 과연 어떻게 될까?

아마 그 건축물을 관심 있게 바라보는 사람은 없을 것이며 건축물 앞에서 발을 멈추거나 들어가 보려고 관심을 기울이는 사람도 없을 것이다. 정면에서 볼 때 이미 멋없고 딱딱하므로 그 내부는 가히 짐작할 수 있지 않겠느냐?

그런데 토스카나식을 토대로 도리아식, 이오니아식, 코린트식의 기둥이 세워진다면 어떨까? 그 아름다움에 사람들은 자신도 모르게 시선을 빼앗기고 지나가던 사람은 자신도 모르게 발길을 멈출 것이다. 그리고 내부 장식이 궁금해서 저절로 건물 안으로 들어가고 싶은 마음이 발동할 것이다.


한 명의 남자가 있다. 그는 학식이나 교양은 보통 정도의 수준이지만 인상이 좋고 말솜씨도 좋다. 품위 있게 행동하고 정중하고 붙임성 있는, 다시 말해 자기 자신을 좋게 보이게 하는 데 재능이 아주 뛰어난 인물이다.

그리고 또 한 명의 남자가 있다. 그는 학식이 해박하고 판단력이 뛰어나다. 그렇지만 그는 상대에게 호감을 갖게 하는 재능은 겸비하지 못했다.

아들아! 너는 어떻게 생각하느냐? 둘 가운데 어느 쪽이 세상의 풍파를 헤치고 더 잘 살아갈 수 있을까? 아버지는 첫 번째 남자라고 단정한다.

그리 영리하다고 할 수 없는 일반인들―아마도 인류의 4분의 3이 그렇지 않을까―의 마음을 끄는 것은 언제나 겉으로 드러난 모습이다. 대중은 항상 겉으로 보이는 모습에 열광하니까. 그들에게는 예의나 몸가짐, 사람을 대하는 태도 등 눈으로 보고 느끼는 것이 전부다. 그 이상의 내면은 보려고 하지 않는다.

아들아! 생각해보라. 예를 들어 지금 네가 누군가와 대화를 나누고 있는데 상대방이 질문에 침착하게 대답하지도 못하고 옷차림도 불량하며 말도 더듬거리거나 알아들을 수 없을 정도의 작은 목소리로 우물거린다면, 그런 사람과 첫 대면을 했다면 어떤 인상을 받겠느냐?

그 사람에 대해 전혀 아는 것이 없음에도 불구하고, 어쩌면 그 사람에게 굉장히 훌륭한 장점이 있는지 모름에도, 그 사람의 내면을 생각해볼 여유도 없이 마음속으로 거부하지 않겠니?

반대로 말과 행동이 모두 품위가 있는 사람과 대면하게 되면 어떨까? 그 사람의 내면이 어떤지는 몰라도 보는 순간 마음을 빼앗기고 호의를 갖게 되지 않을까?

무엇이 어떻게 사람의 마음을 끄는 것인가를 한마디로 설명하기는 어렵다. 하지만 한 가지는 말할 수 있다. 그것은 바로 말로는 표현할 수 없는 무엇인가가, 즉 그것 한 가지로는 빛나지 않지만 아주 사소한 행동이나 말들이 쌓여 차츰 빛을 발함으로써 사람의 마음을 사로잡고 놓아주지 않는 것이 아닌가 한다. 마치 모자이크처럼 한 조각만으로는 아름다울 수 없지만 조각조각이 모여 하나의 아름다운 무늬가 되는 것과 비슷하다고 할 수 있다.

  단정한 옷차림, 부드러운 행동, 절도 있는 태도, 듣기 좋은 목소리, 구김살 없고 그늘 없는 표정, 상대방의 뜻을 정확하게 파악하고 대꾸하는 말솜씨, 그밖에도 많이 있지만 이러한 요소들 하나하나가 모여 사람의 마음을 사로잡는다고 생각한다. 적어도 나는 그렇게 생각하고 있다.

*letter 37*
# 타인의 장점을
# 본 받아라

다른 사람의 마음을 사로잡는 언행은 누구든지 몸에 익힐 수가 있다. 훌륭한 사람들과 자주 만날 수 있는 기회가 있고 스스로 그럴 마음만 있다면 반드시 할 수 있다. 훌륭한 사람들을 주의 깊게 관찰하고 그들이 하는 그대로 쫓아가면 누구든지 할 수 있다.

우선 어떤 사람을 처음 만났을 때, 왠지 좋은 사람이라고 생각되고 마음이 끌린다면 무엇이 나로 하여금 호감을 느끼게 하는지 잘 파악하고 분석하기 바란다.

대개는 여러 가지 장점이 한데 어우러져 있는 경우가 많지만 그 하나하나를 분석해보면, 겸손하면서도 당당한 모습, 비굴하지 않은 태도로 경의를 표현하는 방법, 우아한 행동, 단정한 옷차림 등이 그것일 것이다. 아무튼 그것들을 파악했다면 그대로 따라해 볼 일이다. 단 자기 자신의 개성까지 내버리면서 쫓아가서는 안 된다. 위대한 화가도 처음에는 다른 화가의 작품을 모방하는 것에서부터 시작하는 것이다. 미적 관점에서나 자유라는 관점에서 나 자신이 모방했던 작가의 작품보다 더 나은 작품이 될 수 있도록 공들여 모방해야 한다.

모든 사람들로부터 예의가 바르고 호감이 가는 인물이라는 소리를 듣는 사람을 만나면 주의 깊게 관찰하는 것이 좋다.

웃어른을 대할 때는 어떠한 태도와 말투로 대하는가, 자기와 지위가 같은 사람과는 어떻게 교제를 하고 있으며 자신보다 지위가 낮은 사람에게는 또 어떻게 대하고 있는가를 자세히 관찰해보라. 조찬 모임에서는 어떤 말을 하고 저녁 모임에서는 또 어떠한 언행을 보이는지 등을 관찰하고 그대로 해보는 것이다. 그러나 덮어놓고 흉내만 내서는 안 된다. 그렇게 하면 자신은 없어지고 철저하게 그 사람의 복제물만 남는 것이다.

아버지가 장담하건데 네가 따르고자 생각하고 모방하고 있는 그 사람이 다른 사람을 경솔하게 대하거나 무시하거나 자존심에 상처를 주거나 하는 일이 없다는 것을 알게 될 것이다. 그런 사람이라면 네가 표본으로 삼지 않았을 것이기 때문이다.

그뿐 아니라 그는 상대에 따라 그에 걸맞게 경의를 표하고 배려하는 등 상대를 기쁘게 하여 마음을 사로잡는다는 것을 알 수 있을 것이다. 결국 씨를 뿌려야 열매를 얻는 것처럼 호감이 가는 인물도 정성들여 씨를 뿌리고 풍성한 열매를 수확하고 있는 것에 다름 아니다.

인간이란 평상시 자주 이야기를 나누고 있는 상대의 분위기나 태도, 장단점뿐만 아니라 사고방식까지도 무의식중에 받아들이는 법이다. 내가 알고 있는 몇몇 사람들 가운데도 그 자신들은 그렇게 총명하지 않음에도 평소에 현명한 사람들과 교제하고 있기 때문에 생각지도 못한 멋있는 기지를 발휘하는 때가 있다.

내가 항상 너에게 말하는 것처럼 훌륭한 사람들과 교제하게 되면 너 자신도 모르는 사이에 그들과 비슷해질 것이다. 거기에 좀 더 집중력과 관찰력이 더해진다면 곧 그들을 능가하는 사람이 될 것이다.


주위에 호감이 가는 사람이 없다면 어떻게 할까? 그럴 때는 주변에 있는 누구든지 좋으니 가까이 있는 사람을 차분히 관찰하면 된다. 아무리 훌륭한 사람이라도 모든 장점을 다 가질 수 없듯이 아무리 하찮게 보이는 사람이라도 반드시 한두 가지 장점은 있게 마련이다. 그것을 따라하면 된다. 그리고 단점들은 타산지석他山之石으로 삼으면 된다.

호감이 가는 사람과 그렇지 못한 사람의 차이점은 무엇일까? 그것은 똑같은 내용을 말할 때도 태도가 전혀 다르다는 것이다. 사람들로부터 인기를 끌고 있는 사람이든 전혀 품위를 느낄 수 없는 사람이든 말하는 것이나 행동하는 것, 옷을 입고 음식을 먹고 마신다는 것은 모두 똑같다. 단지 차이가 있다면 방법과 태도에 있는 것이다.

그러므로 많은 사람들의 말솜씨나 걸음걸이, 먹는 태도 등을 잘 관찰해보면 자연스럽게 네가 어떻게 행동하면 좋을지에 대해 알게 될 것이다.

letter 38
# 마음을 사로잡는 것은
# 겉으로 드러나는 인상이다

**나의 주장을** 다른 사람의 마음에 호소하려면 어떻게 하면 좋을까? 이에 대해 몇 가지를 적어보마. 참고가 되기를 바란다.

얼마 전, 항상 너를 칭찬해주시는 하비 부인으로부터 편지를 받았다. 네가 어떤 모임에서 춤추는 것을 보았는데, 매우 우아하고 아름다운 몸놀림이었다는 내용이다. 그 편지를 받고서 얼마나 기뻤는지 모른다. 춤을 우아하게 춘다면 자리에서 일어서는 것도, 걸음걸이도, 앉는 자세도 모두 우아할 것임에 틀림없기 때문이다.

일어서고, 걷고, 앉는 동작은 물론 단순하지만 춤을 잘 추는 것보다 훨씬 중요하다.

　조심스럽게 일어설 수 있고 멋지게 걸을 수도 있지만 멋지게 앉을 수 있는 사람은 그리 흔치 않다. 또한 사람들 앞에 나서기만 하면 긴장하여 위축되는 사람이 있는가 하면 꼿꼿이 등을 세우고 부자연스럽게 앉는 사람도 있다. 조심성 없는 사람은 앉을 때 의자에 체중을 맡기듯 털썩 주저앉는다. 이런 행동은 꽤 친한 사이가 아니면 좋은 인상을 주지 못한다.

　모범적인 인상을 주기 위해서는 우선 마음을 편하게 하고 겉으로도 편안하게 보이도록 가볍고 조심스럽게 앉아야 한다. 힘을 빼고 자연스럽게 말이다. 물론 잘하리라 생각하지만 혹시 그렇지 못하거든 가능한 자연스럽게 앉도록 연습해라.

　이처럼 극히 사소하게 생각되는 동작이 여성뿐만 아니라 남성의 마음까지도 사로잡는다. 우아한 동작이 얼마나 중요한지 명심해야 할 일이다. 직장에서든 일상에서든 마찬가지다. 작은 일을 가볍게 여기면 막상 필요할 때 하지 못하는 법이다. 커피 한 잔을 마실 때도 잔을 드는 방법이 이상하여 커피가 출렁이는 일이 없도록 해라.


　　너도 이제 복장에 대해 신경을 쓸 나이가 되었다. 나는 상대방의 옷차림을 보고 대개 그 사람의 인품을 미루어 짐작하게 된다. 다른 사람들도 마찬가지가 아닐까?

　나는 상대의 복장에서 자랑하는 것 같은 느낌을 받으면 그 사람의 사고방식이 조금 비뚤어져 있는 것이 아닌가 하고 생각하게 된다. 누구나 어느 정도는 복장으로 자기 주장을 하고 있을 것이다.

　화려하게 치장한 옷을 입고 있는 사람을 보면 내용이 없다는 것을 숨기기 위해 일부러 위압적인 차림을 하고 있는 것이 아닌가 하는 생각이 든다. 또한 옷차림에는 전혀 신경을 쓰지 않아 귀족인지 마부인지 구별이 가지 않는 사람도 그 속을 의심하지 않을 수 없다.

　현명한 사람은 복장에 개성이 드러나지 않도록 신경을 쓰는 법이다. 결코 화려한 옷차림으로 눈에 띄게 두드러지는 일은 하지 않는다. 지나칠 정도로 옷차림이 화려하면 사람이 어딘가 들떠 보이고 반면 지나치게 초라하면 복장에 전혀 신경을 쓰지 않는 것 같아 실례가 된다. 내 생각으로는 젊은이는 초라한 차림새보다는 약간은 화려한 차림새가 좋을 것 같다.

　옷차림은 때와 장소의 특성에 맞추어 착용할 줄 아는 센스가 필요하다. 주위에 있는 사람들이 화려한 차림새를 하고 있으면 자신도 화려하게, 검소한 차림새를 하고 있으면 자신도 검소하게 입으면 된다. 항상 바느질이 잘된 옷, 몸에 꼭 맞는 옷을 입어야 한다. 그렇지 않으면 부자연스럽고 어색한 느낌을 준다.

또 일단 그날의 복장을 결정하고 그 옷을 입었다면 두 번 다시는 옷차림에 대해 생각하지 않아야 한다. 색이 촌스럽지 않은가, 디자인이 너무 튀지 않는가 등을 생각하고 있으면 행동이 부자연스러워진다. 일단 정하고 입었으면 옷에 대해 신경 쓰지 말고 자연스럽고 기분 좋게 행동해라.

좋은 인상을 주고 싶으면 특히 청결이 중요하다. 손이나 손톱을 항상 깨끗하게 손질해야 하며 식사 후에는 이를 닦아야 한다. 이를 닦는 일은 특히 중요하다. 의치를 끼지 않기 위해서도 그렇고 고통스러운 치통을 앓지 않기 위해서도 게을리 해서는 안 된다. 더구나 이가 썩으면 냄새가 심하므로 주위 사람들에게도 실례가 된다.

사람의 마음을 사로잡는 요인은 참으로 많지만, 그 가운데서도 표정이 특히 효과적으로 사람의 마음을 붙잡는다. 너는 이것을 알고 있느냐?

대부분의 사람들은 자기 용모에 자신이 없으면 감추고 보완하려고 끝없이 노력한다. 못생긴 사람일수록 더욱 그렇다. 조금이라도 잘 보이려고 고상한 척 행동하기도 하고 상냥한 미소를 짓기도 한다. 눈물겨울 정도의 노력을 하고 있는 것이다.

그런데 너는 잘 생긴 용모를 감사하기는커녕 모독하는 것처럼 보인다. 네 모습과 표정은 어찌된 것이냐. 네 나름대로는 남자답고 사려 깊고 결단력 있어 보이는 표정이라고 생각하고 있을지 모르지만 내가 볼 때는 당치도 않은 착각이다. 아무리 좋게 봐준다고 해도 네 표정은 위엄을 가장하려고 애쓰고 있는 하사관의 어색한 표정 같다.

내가 아는 한 젊은이는 의원으로 처음 선출되었을 때 자기 방에서 거울을 보고 표정과 동작을 연습하고 있었다. 그런데 그 모습이 발각되어 사람들 사이에서 웃음거리가 된 적이 있다. 하지만 나는 웃을 수가 없었다. 오히려 그 젊은이는 그를 보고 웃고 있는 사람들보다 훨씬 사리를 잘 알고 있는 인물이라고 생각되었다. 그는 공공장소에서의 표정과 동작이 얼마나 중요한가를 알고 있었던 것이다.

이런 말을 하면 너는 이렇게 반문할 것이다.

"그렇다면 온순한 표정을 짓기 위해 하루 온종일 신경을 써야 한다는 말입니까?"

그에 대해 대답하겠다. 하루 온종일 신경을 쓰라는 것이 아니다. 2주일이면 족하다. 2주일 동안만이라도 좋으니 좋은 표정을 짓기 위해 노력하기 바란다. 그러면 그 다음부터는 얼굴 표정에 전혀 신경 쓰지 않아도 된다.

우선 눈가에는 항상 상냥한 표정을 짓도록 노력해라. 그리고 얼굴 전체가 미소로 가득한 것이 좋다. 그런 의미에서는 수도사의 표정을 조금 닮는 것도 괜찮을 것이다. 선의가 넘치고 자애가 가득하고 엄숙한 가운데서도 열의가 배어나는 표정, 그런 표정은 사람의 마음을 끌어당기는 매력을 가지고 있다. 물론 표정만 좋아서는 안 된다. 마음이 뒤따라야 한다. 사람들은 마음이 뒤따르고 있다고 생각하기 때문에 그런 표정에 호감을 느끼고 받아들이는 것이다. 표정은 365일 너를 외부로 표현하는 상징이다. 개성 있는 너만의 매력적인 표정을 만들어라.

우아한 걸음걸이, 단정한 옷차림, 호감 있는 말투, 온화한 미소, 등등. 너를 돋보이게 연출하고 타인의 사랑을 받을 수 있는 것은 너의 노력에 의해 만들어지는 것이다.

너는 왜 고급스러운 옷을 입고 헤어스타일을 가꾸었느냐? 그것도 역시 귀찮은 일이었을 것이다.

너는 왜 춤을 배웠느냐? 그것도 귀찮은 일이었을 것이다. 하지만 너는 사람들의 마음을 붙잡기 위해 춤을 배우는 수고를 감당했을 것이다.

그런데 왜 그런 것들에 신경을 쓰느냐? 그것은 다른 사람에게 좋은 인상을 주기 위해서였을 것이다.

letter 39
# 상대에게
# 호감을 사는 기술

 다음에 이야기하는 것들을 몸에 배도록 하지 않으면 아무리 학식이 깊고 아무리 처신을 잘한다고 해도 일이 뜻대로 이루어지지 않을 것이다.

지금이야말로 장식을 몸에 익힐 때이다. 지금 익혀두지 않으면 평생 익히지 못할 것이다. 그러므로 지금은 다른 일은 모두 제쳐두고 우선 이 일에만 몰두해야 한다. 건강한 육체에 매력적인 장식이 따른다면 그보다 훌륭한 것은 없다.

내가 이런 내용의 편지를 써서 아들의 외모를 잘 장식하라고 타이르고 있다는 것을 알면 융통성 없고 획일적인 사람이나 뽐내기를 좋아하는 사람이라고 생각할까?

아마 몹시 경멸하는 표정으로 "아버지가 자식에게 가르치는 교훈이 겨우 그런 것들이라니……" 하고 말할 것이 틀림없다.

아마 그들의 사전에는 '호감을 갖는다'라든가 '남에게 호감을 준다'라든가 하는 말이 없을 것이다. 그러나 현실적으로 이 말이 존재하는 것은 사람들의 호감을 산다는 것을 화제로 삼고 그것에 관심을 가지며 그것을 얻기를 원하기 때문이다. 결코 웃어넘길 일이 아니다.


젊은이들 가운데는 예의가 없고 제멋대로인 부류가 많은 것은 그 부모들이 예의범절을 가볍게 여기고 있거나 그런 것에 전혀 관심을 두지 않기 때문이 아닐까?

초등교육에서 대학교육, 게다가 유학까지 모든 교육은 열의를 가지고 시키지만 정작 자기 자식이 어떻게 성장하고 있는가에 대해서는 무관심하고 주의를 기울이지 않는다. 설령 관심을 가지고 지켜본다고 해도 그것을 판단하는 일 없이 그저 세월만 보내고 있다. 그리고 자신을 안심시키기 위해서 "괜찮아. 다른 아이들과 마찬가지로 잘하고 있을 거야"라고 자위한다.

그러나 그 아이들이 다른 아이들과 똑같이 학교에 다니고 있다고 해서 반드시 잘하고 있는 것은 아니다. 그들은 항상 학창시절에 몸에 익힌 습관대로 어린애 같은 장난을 계속한다. 몸에 배인 편협한 태도를 바꾸지 않으며 거만하고 불손한 태도를 고치지 않는다. 그런 것은 부모가 말해주지 않으면 아무도 가르쳐주는 사람이 없기 때문에 고칠 수가 없다. 그래서 그들은 자기의 태도가 타인에게 불쾌감을 주고있다는 것을 모르는 채 계속 무례한 행위를 하고 있는 것이다.

앞에서도 여러 번 이야기했지만 자식의 예의범절이나 인간을 대하는 태도를 솔직하게 지적해줄 수 있는 사람은 오직 아버지뿐이다. 그것은 자식이 어른이 되어서도 변함이 없는 진리이다. 아무리 친한 친구라도 아버지와 같은 경험은 없을 뿐더러 주의를 줄 수도 없다.

아버지와 같이 충실하고 우호적이며 눈이 밝은 감시자를 두고 있다는 점을 다행스럽게 여겨라. 나의 눈을 피할 수는 없다. 자식에게 눈에 띄는 결점이 있으면 신속하게 발견하여 고치도록 지시하고 장점이 있으면 빨리 발견하여 박수를 보낸다. 그것이 바로 부모로서의 내 임무라고 생각한다.

letter 40
# 예의는 관계를
# 원활하게 만드는 윤활유다

 인간은 본래 완벽한 존재가 아니다. 가능한 완벽한 모습에 접근시키기 위해 노력하는 것이 너에게 아버지로서 해야할 의무라고 생각해 왔으며 나는 한결같은 노력을 경주해왔다. 또한 거기에 드는 수고와 비용을 아끼지 않았다. 그만큼 교육이라는 것이 인간을 타고난 자질 이상으로 바꿀 수 있다는 점을 알고 있기 때문이다. 그것은 이제 너도 경험으로 알게 되었을 것이다.

내가 어린 너에게 제일 먼저 한 일은 아직 정확한 판단력이 없는 상태에서 선善을 사랑하는 마음과 사람을 존경하는 마음을 심어주는 것이었다. 너는 마치 문법을 외우듯 기계적으로 그것을 몸에 익혔다. 그리고 지금은 네 스스로의 판단으로 그것을 행하고 있다. 하기야 선을 행하는 일이나 사람을 존경하는 일은 당연한 것으로 누구든 가르침이 없어도 실천할 수 있기는 하다. 너에게 판단할 수 있는 힘이 생긴 이후, 나는 더 이상 선을 사랑하라는 말은 하지 않았다. 왜냐하면 그것은 너무나도 당연한 것이기 때문이다.

그 다음에는 실질적이며 한쪽으로 치우치지 않는 교육을 베푸는 일이었다. 이것도 생각 이상의 성과를 올렸다. 너는 나의 기대에 충분히 부응해주었다.

그리고 이제 마지막으로 사람과 사귀는 일에서 지켜야 할 것, 즉 예의범절을 가르치는 일이 남았다. 예의범절을 알지 못하면 지금껏 몸에 익힌 것들이 모두 빛을 잃고 허사가 되어버릴 것이다. 유감스럽게도 너는 이 점이 부족한 것 같아 그 점을 중점으로 이야기하고 싶다.


내가 존경하는 선배님에게 예의에 대하여 묻자 그 분이 정의 내리기를 '서로 자신을 약간씩 억제하고 상대방에게 맞추려고 하는, 분별과 양식이 있는 행위'라고 설명했다. 이에 이의를 제기하는 사람은 아마 없을 것이다. 다만 분별과 양식 있는 사람이라고 해서 누구나 다 예의바른 사람이 될 수 있는 것은 아니다.

확실히 예의를 갖추는 방법은 사람, 나라, 환경에 따라서 커다란 차이가 있을 수 있다. 그것은 실제로 자신의 눈으로 보고 귀로 듣지 않으면 알 수 없는 것이다. 그러나 예의를 존중하는 마음 그 자체는 어느 시대, 어느 장소를 막론하고 변함이 없을 것이다. 그러므로 예의바른 사람이 되고자 하는 마음이 있느냐 없느냐에 따라 예의 바른 사람이 되느냐 못 되느냐가 달려 있다.

예의가 특정한 사회에 미치는 영향은 도덕이 사회 전반에 미치는 영향과 유사하다. 사회를 하나로 묶고 안전을 도모한다는 것이 그것이다. 유사한 것은 그뿐만이 아니다. 우리 사회에는 도덕적 행위를 권장하기 위해(또는 부도덕한 행위로부터 몸을 지키기 위해) 법이라는 것이 제정되어 있다. 이와 마찬가지로 특정한 사회에도 예의바른 행동을 권장하고 무례를 훈계하기 위한 암묵적인 규율 같은 것이 있다.

이렇게 말하면 법과 암묵적 규율을 동일시한다고 의아하게 생각할지도 모른다. 하지만 나에게는 이것이 공통적인 것으로 인식된다. 다른 사람의 땅에 침입한 사람은 법에 의해서 처벌받는다. 이와 마찬가지로 다른 사람의 사생활을 침입한 사람은 사회의 묵시적인 합의에 의해 추방당한다.

문명사회에 사는 인간에게 상냥하게 행동하고 상대에 주의를 기울이고 약간의 희생을 감내하는 등의 예의는 누군가로부터 강요당하는 것이 아니라 자연적으로 몸에 배는 일종의 암묵적인 협정과 같은 것이다. 그것은 왕과 신하가 충성과 복종이라는 암묵적 협정으로 맺어져 있는 것과 다를 바 없다. 그 협정을 어기면 불이익을 당하는 것이 당연한 보답이다.

   예의를 다하는 것은 선행 다음으로 사람들의 마음을 사로잡는 일이다. 그만큼 예의는 중요하다.

*letter 41*
# 상황에 따른
# 예절 지키기

**명백히** 윗사람이거나 높은 지위에 있는 사람에게 예의를 지키지 않는 사람은 거의 없다. 중요한 점은 그것을 어떻게 표현하느냐이다. 분별이 있고 인생의 경험이 풍부한 사람은 자만하지 않고 자연스럽게 최대한의 예의를 표현할 수 있다.

그런데 훌륭한 사람들과 교제해본 경험이 별로 없는 사람들은 행동이 어색하여 보고 있으면 애처로울 정도로 아슬아슬하게 버티고 있는 것을 알 수 있다.

그러나 그렇다고 해서 존경하는 사람 앞에서 의자에 걸터앉거나 휘파람을 불거나 머리를 끄적이는 등 무례하게 행동하는 사람은 없을 것이다. 윗사람 앞에서 가장 주의해야 할 점은 미리 겁부터 내지 말고 그저 자연스럽게 다소곳이 예의를 갖추는 일이다. 이는 좋은 본보기를 관찰하여 실제로 따라해 보는 방법으로밖에는 몸에 익힐 수 없을 것이다.

특별히 신경 써야 할 윗사람이 없는 편한 사람들과의 자리에서는 초대받은 사람 모두가 대등한 입장이라고 여겨도 좋다. 이 경우에는 경외심을 가져야 할 인물이 없으므로 행동이 자유스러워지고 긴장감이 없어진다. 어떠한 만남이든 꼭 지켜야 할 선이 있는데 이 경우도 그것만 지키면 무난하다고 할 수 있다.

그러나 여기서도 간과해서는 안 될 것이 있다. 아무리 동등한 입장의 사람이라도 일반적인 예의를 지켜주고 배려를 해주기를 은근히 기대하고 있다는 것이다. 그러므로 너무 무신경하고 주의가 산만한 것은 용납되지 않는다.

가령 누군가 다가와서 쓸데없는 이야기를 하더라도 일단은 예의 바르게 대해주어야만 한다. 건성으로 이야기를 듣는 둥 마는 둥하면 아무리 동등한 입장이라도 '실례'를 넘어 '커다란 무례'를 범하는 일이 되고 만다. 이는 상대가 여성일 경우에 더욱 그렇다.

천성적으로 타고난 신분이 너보다 못한 사람들이 있을 것이다. 신분이나 지위가 너보다 낮다고 해서 결코 네가 그 사람보다 월등하다고 생각해서는 안 된다. 너는 하늘이 내려준 행운에 감사해야 하며 좋지 못한 환경에서 태어난 사람들을 멸시하거나 불필요한 말로 그들의 불행을 상기시키는 일을 해서는 안 된다.

나는 나와 동등한 사람을 대할 때 이상으로 신분이나 지위가 낮은 사람을 대하는 태도에 신경을 쓰고 있다. 그것은 그 사람의 실력이나 노력과는 아무 상관없이 그저 타고난 운명에 의해서 결정된 신분이나 지위 따위로 자존심을 세우는 것처럼 오해받고 싶지 않기 때문이다.

젊은이들은 권위적이고 명령적인 말투를 쓰는 사람을 용기 있는 사람 혹은 기개가 있는 사람이라고 오해하기 쉽다.

나도 젊었을 때는 그랬다. 일부 매력적인 사람의 마음을 사로잡는 데만 급급했고 그밖의 사람들에게는 기본적인 예의조차도 쓸데없는 것이라고 생각했다. 그래서 각료나 지식인이나 뛰어난 미인 등 화려하고 눈에 띄는 인물들에게만 예의를 지키고 다른 사람에게는 예의를 지키지 않아 그들로부터 비난을 받기도 했다.

이런 어리석은 행동으로 한때 나는 남성에게도 여성에게도 많은 적을 만들어버렸다. 하찮은 사람들이라고 여겼던 사람들이 내가 가장 좋은 평판을 얻고자 노력했던 곳에서 결정적으로 나에 대한 평가를 깎아내린 것이었다. 그만큼 나는 오만하다고 오해받았던 것이다. 하지만 사실은 분별력이 모자랐을 뿐이다.

옛 격언에 "인심을 얻는 왕이야말로 가장 태평하며 오랫동안 권력을 누릴 수 있는 왕이다"라는 말이 있다. 신하의 인심을 얻는다는 것은 그 어떤 무기보다도 강하다. 신하의 충성을 원한다면 공포심을 주기보다는 인심을 얻으라는 뜻이다. 이 말은 우리에게도 해당된다. 사람의 마음을 사로잡는 방법을 알고 있다는 것은 그 무엇보다도 강한 힘을 가지고 있다는 의미가 된다.


다음으로 너에게 이야기하고 싶은 것은 "저기서는 절대 실수하지 않아!"라고 생각하는 데서 뜻하지 않은 실수를 저지르고 마는 예이다. 그렇다. 아주 친한 친구나 지인知人을 대하는 행동에 관해서이다.

절친한 사이면 편안한 기분이 드는 것은 좋은 일이며 당연하기도 하다. 그러한 관계가 사생활에 편안함을 주는 것도 분명하다. 그러나 그렇다고 절대로 침범해서는 안 되는 영역에까지 침범해도 좋다는 의미는 아니다. 말하고 싶은 대로 제멋대로 지껄인다면 아무리 친한 친구라도 대화의 분위기는 금방 시들해 버린다.

한 가지 확실한 예를 들어보자. 가령 너와 내가 같은 방에 있다고 하자. 나는 내가 무엇을 해도 상관없다고 생각하고 있고 너 또한 그렇게 생각하고 있다고 할 때, 두 사람 사이에는 아무런 예의나 자제도 필요가 없는 것일까? 그건 크게 잘못된 생각이다.

아무리 네가 친하고 편한 상대라도 최소한의 기본적 예의는 지켜야 한다. 만약 너와 친한 친구가 한창 이야기에 열중하고 있는데 너는 줄곧 친구의 이야기는 듣지 않고 다른 생각을 하고 있거나 하품을 하거나 한다면 너는 차츰 너를 찾는 친구의 발길이 멀어지는 것을 각오해야 할 것이다.

그렇다. 따라서 아무리 절친한 사이라도 기본적인 예의는 지켜야만 우정이 오래 지속되는 법이다. 남편과 아내 사이에 예의를 모두 없애버린다면 어떻게 될까? 아무리 다정한 사이라도 얼마 안 가서 싫어지고 서로 경시하게 될 것이 틀림없다.

누구나 단점을 가지고 있기 마련이다. 그것을 신경 쓰지 않고 거침없이 드러내는 것은 예의에 어긋날 뿐만 아니라 분별없는 행동이기도 한 것이다.

그렇다고 편한 상대에게 거창한 예의범절을 표하는 행동을 하라는 말은 아니다. 알맞은 예의를 다해야 한다. 그것이 예절에 맞는 일이며 서로가 언제까지나 사이좋게 지낼 수 있는 방법이다.

예의에 관한 얘기는 이 정도면 될 것 같구나. 상황에 맞는 예의를 익히는 데 노력해주기 바란다.

다이아몬드도 원석 자체는 아무런 쓸모가 없다. 갈고 닦아야 비로소 빛이 난다. 물론 다이야몬드가 아름다운 것은 원석이 견고하고 밀도가 높기 때문이다. 그렇지만 언제까지나 더러운 원석으로 남는다면 기껏해야 호기심 많은 수집가의 진열장에 들어갈 뿐이다.

지금의 너는 밀도가 높고 견고하다고 믿는다. 앞으로는 지금까지 해온 것처럼 더 노력하여 갈고 닦을 일이다. 그러면 머지않아 멋지게 다듬어져 아름다운 빛을 발하는 귀중한 다이아몬드가 될 것을 아버지는 믿고 있다.

제9장

# 인생 최대의
# 교훈을
# 익혀라

letter 42
# 언행은 부드럽게,
# 의지는 강하게

　　　　　　　　　내가 너에게 "언행은 부드럽게, 의지는 강하게"라고 한 말을 항상 머릿속에 기억하고 행동하기를 바란다고 부탁한 것을 기억하고 있느냐?

　그 말만큼 우리 인생 전반에 걸쳐 두루 쓰일 수 있는 말은 없다고 해도 과언이 아니다.

　오늘은 이 말에 대해서 너에게 설명하겠다.

　먼저 이 말의 두 가지 요소, 즉 '언행은 부드럽게'와 '의지는 강하게'에 대해서 설명하고 그 다음으로 이 두 가지 요소가 하나로 합쳐졌을 때 어떤 효과를 나타내는가에 대해서 설명하겠다. 그리고 끝으로 그 두 요소의 실천에 대해 언급하고자 한다.

사람을 대할 때 언행은 부드럽지만 의지가 강하지 못한 사람은 어떻게 될까? 그런 사람은 다른 사람들로부터 호감은 사겠지만 결국 비겁하고 심약하고 소극적인 인간으로 전락해버린다.

그렇다면 의지는 강하지만 언행이 부드럽지 못한 사람의 경우는 어떨까? 그런 사람은 사납고 강압적일 뿐인 매사에 저돌적인 인간으로 전락할 것이다.

이상적인 인간이 되기 위해서는 양쪽을 다 갖춰야 하지만 사실상 그런 사람은 매우 드물다. 의지가 강한 사람 가운데는 성격이 다혈질인 사람이 많아 언행이 부드러운 사람을 '유약함'으로 단정하고 무엇이든지 힘으로만 밀어붙이려고 한다. 이런 사람은 상대가 소심하고 내성적인 사람이라면 자기 의도대로 일을 처리할 수 있지만 그렇지 않을 경우에는 상대의 분노나 반감을 사서 목표한 바를 달성할 수 없다.

반면 언행이 부드러운 사람들 가운데는 교활하고 영악한 사람이 많은데, 그런 사람은 유연한 대인관계를 빌미로 모든 것을 이루려고 한다. 마치 자기 의지와는 상관없는 것처럼 임기응변으로 모든 일을 상대의 비위에 맞춘다. 그렇지만 그런 사람은 어리석은 자는 속일 수 있을지 몰라도 조금만 눈치가 있는 사람은 속일 수 없다.

사람을 대하는 언행이 부드럽고 의지가 강한 사람은 현명하고 존경받는 사람이 될 것이다.

그렇다면 이 두 가지 면을 겸비하고 있으면 어떤 이로운 점이 있을까? 남에게 명령을 내리는 위치에 있을 경우, 자애로운 태도로 명령하면 그것은 기쁘게 받아들여지고 기분 좋게 실천에 옮겨질 것이다. 반면 무턱대고 험악하게 명령하면 그것은 적당히 수행되거나 도중에 내팽개쳐버리고 만다.

가령 부하에게 난폭한 태도로 "술을 한 잔 가져와"라고 명령했다고 하자. 그런 식으로 명령한다면 부하가 술을 가져올 때 옷에 엎지를지도 모른다는 것을 각오하고 있어야 한다. 그런 일을 당하기에 마땅하기 때문이다.

물론 아랫사람에게 어떤 명령을 내릴 때는 '복종하라'는 강하고 굳은 의지를 보이는 것이 필요하다. 그렇지만 상대가 그 명령을 수행할 때 스스로 비굴하다는 열등감에 빠지지 않고 가능한 기분 좋게 명령에 복종하도록 배려하는 것도 필요하다.

그것은 네가 너보다 높은 지위에 있는 사람에게 어떤 부탁을 할 때나 아니면 네 자신의 당연한 권리를 주장할 때도 마찬가지로 가져야만 하는 공손함이다. 공손한 태도로 너를 낮추지 않으면 그것은 네 부탁이나 권리를 무시하려는 사람에게 합당한 구실을 만들어주는 격이 된다. 그렇다고 너무 부드러운 언행으로는 일이 성취되지 않는다. 결코 물러서지 않겠다는 강한 의지와 품격을 손상시키지 않는 집요함으로 네 의지가 얼마나 강한지를 상대에게 보여주는 일이 중요하다.

언행을 부드럽게 하여 마음을 사로잡고 강한 의지로 밀어붙여야 한다. 그렇게 함으로써 적어도 너 스스로 상대에게 거절할 구실을 주지 않게 되는 것이다.

신분이 높은 사람은 여러 가지 청탁이나 불만에 익숙해져 있다. 외과의사들이 하루 종일 통증을 호소하는 환자들의 하소연에 질려 마침내 그러한 하소연이 진짜인지 가짜인지 구별할 수 없게 되는 경우와 같은 것이다. 그러므로 보통의 호소(공평한 입장이나 인도주의적인 태도로)로는 좀처럼 들은 체도 하지 않는다. 다른 감정에 호소할 수밖에 없는 것이다.

이를테면 부드러운 말과 행동으로 호감을 사거나 끈질긴 호소로 '이제 그만, 알았다'는 식으로 굴복시키거나 또는 품위를 지키는 가운데 적당한 위협과 냉철한 태도로 상대가 은연중에 두려움을 갖게 하는 것 등 여러 가지 방법으로 자신의 강한 의지력을 표현해야 한다.

부드러운 언행과 강인한 의지를 겸비하는 것이야말로 사람들에게 사랑받고 존경받는 유일한 길이다. 더불어 세상의 현자들이 한결 같이 몸에 익히고자 하는 위엄을 스스로 갖추는 방법이기도 하다.

다음은 실천에 관한 이야기를 해보겠다.

감정을 절제하지 못하고 격해져서 무분별하고 무례한 말이 입 밖으로 튀어나오려고 할 때는 최대한 마음을 가라앉히고 언행을 부드럽게 해야 한다. 이러한 태도는 상대의 지위 고하를 막론하고 마찬가지다. 감정이 격하게 고조되면 가라앉을 때까지 침묵을 지키면서 표정에서 감정의 변화를 상대가 눈치 채지 않도록 조심해야 하다(표정을 간파당한다는 것은 치명적인 약점이다).

하지만 그렇다고 해서 조금도 양보할 수 없는 상황에서 상대에게 애교를 떨거나 일부러 상냥하게 굴거나 비위를 맞추려고 하는 등의 아첨하는 짓 따위를 해서는 안 된다. 그럴 경우에는 끈기 있고 집요하게 공격을 지속하는 것이 좋다. 그렇게 하면 자신이 이루려는 목표를 반드시 성취할 수 있기 마련이다. 온순하고 내성적이며 항상 다른 사람에게 양보만 하는 사람은 사악하고 남의 고통을 이해하지 못하는 인간에게 언제나 이용만 당하고 바보 취급을 받을 뿐이다.

친구나 지인을 대할 때도 마찬가지다. 요지부동한 굳은 의지의 힘으로 그들의 마음을 사로잡고 부드러운 언행으로 그들이 너의 적이 되는 것을 미연에 방지해야 한다.

적에게는 부드러운 태도로 마음을 열게 만들고 동시에 강한 의지를 보여주어 나에게는 분개할 만한 정당한 사유가 있다는 것을 알리는 것도 중요하다. 지금 내 태도는 사리분별이 정확한 정당방위라는 사실을 분명히 해두어야 한다.

일 때문에 교섭을 할 때도 의지가 강하다는 것을 상대가 느끼게 만드는 것을 잊어서는 안 된다. 어쩔 수 없이 타협하지 않으면 안 될 그 순간까지는 조금이라도 양보해서는 안 되며 절충안도 수용해서는 안 된다. 부득이 타협하지 않으면 안 될 경우에도 강하게 버티면서 조금씩 양보해야 한다.

또한 그렇게 하면서도 부드러운 태도로 상대의 마음을 사로잡는 것을 잊어서는 안 된다. 상대방의 마음을 사로잡으면 이해를 구할 수 있고 그럼으로써 마음을 움직일 수 있을지도 모른다. 상대에게 마음을 열고 진솔하고 당당하게 말해라.

"여러 가지 문제가 있기는 하지만 그렇다고 귀하에 대한 저의 존경심에 변함은 없습니다. 그보다는 이번 일로 인해 당신의 비범한 능력과 일에 대한 열정을 새삼 깨닫고 감복하고 있습니다. 이렇게 훌륭한 분과 개인적으로 함께 할 수 있다면 얼마나 좋을까 하고 생각하고 있습니다."

이처럼 '언행은 부드럽게' '의지는 강하게'라는 명제를 시종일관 실천해 나간다면 대부분의 교섭은 성공적으로 이루어질 것이다. 설령 그렇지 못하더라도 최소한 상대의 뜻대로는 되지 않을 것이다.


너에게 '언행을 부드럽게'를 강조하는 까닭은 단순히

온순한 것만이 부드러운 것이 아니라는 사실을 인식시키기 위해서다. 너도 이제 이해했을 것이다. 자기의 견해는 분명히 말해야 하며 상대의 의견이 틀렸다고 생각했을 때는 틀렸다고 분명하게 말해야 한다.

다만 내가 문제로 삼는 것은 말하는 방법이다. 말할 때의 태도, 분위기, 용어 선택, 목소리 등을 부드럽고 상냥하게 하라는 것이다.

남과 다른 의견을 말할 때도 상냥한 표정과 품격 있는 어조로 부드러운 단어를 써서 말하는 것이 좋다.

"제가 어떻게 생각하고 있는가를 물으신다면, 저 역시 확신하고 있는 것은 아니지만 이렇게 대답하겠습니다." 혹은 "확실한 것은 아니지만 아마도 이런 뜻이 아닐까요?"라는 식의 겸손한 말투가 좋다.

유연한 말투로 이야기를 한다고 해서 설득력이 없는 것은 아니다. 오히려 상대의 마음을 분명하게 사로잡을 것이다.

토론을 할 때에는 상대의 감정을 손상시키지 않는 범위 내에서 끝내는 것이 좋다. 그리고 자신도 상처를 입지 않았을 뿐만 아니라 상대의 인격 또한 손상시킬 생각이 없다는 사실을 확실하게 해둘 필요가 있다. 견해의 차이는 일시적일지라도 서로의 관계를 멀리하게 만들기 때문이다.

"그 정도쯤이야"라며 웃어넘길지 모르지만, 태도 역시 이야기의 내용 못지않게 중요할 때가 있는 것이다. 자신의 뜻과는 상관없이 좋은 뜻으로 행한 것이 적을 만들고 나쁜 마음으로 행한 것이 의외로 친구를 만들기도 하는 등, 태도 여하에 따라서 상대가 받아들이는 것이 달라진다.

얼굴 표정, 용어 선택, 말투, 발성, 품격 등이 유연하면 언행은 자연스럽게 부드러워지고, 거기에 강한 의지가 뒷받침되면 저절로 위엄이 우러나와 사람들의 마음을 확실하게 사로잡게 될 것이다.

letter 43
# 냉혹한 세상에서
# 살아남는 지혜를 깨우쳐라

**다소 전략적일지는** 모르지만 이 세상에는 '세상을 살아가는 지혜' 같은 것이 있는데, 다른 사람들보다 먼저 그것을 간파하고 실천한 사람이 출세하는 경우가 많다.

지금부터 이야기할 것들은 먼 훗날에 네가 "좀 더 일찍 알았더라면 좋았을 텐데"하는 후회에 빠질 수도 있는 것들이다.

세상을 살아가는 지혜의 근본은 우선 감정을 노출시키지 않고 말과 행동, 얼굴 표정으로 자신의 마음이 동요하고 있는 것을 상대에게 간파당하지 않도록 하는 일이다. 상대에게 자신의 속마음을 간파당하면, 자기 조종이 능숙하고 냉정한 상대가 자기 뜻대로 모든 일을 이루게 된다. 이것은 사회생활에만 한정된 것이 아니다. 일상생활에서도 자기도 모르는 사이에 상대에게 조종당할 가능성이 크다.

다른 사람에게 싫은 소리를 들으면 노골적으로 화를 내거나 적의를 드러내는 사람이나 혹은 좋은 말을 들으면 기뻐서 저절로 입이 벌어지는 사람은 교활하고 남의 험담이나 일삼는 사람의 희생물이 되기가 쉽다. 주제넘게 뽐내는 사람도 마찬가지다. 다른 점이 있다면 자기도 모르게 교활한 인간과 똑같은 행동을 하지만 그것을 자신의 이득으로 챙기지 못하고 다른 사람에게 돌아가게 한다는 것이다.

너는 냉정하고 안 하고는 그 사람의 성격으로 의지의 힘으로는 어쩔 수 없는 일이 아니냐는 의문을 가질지도 모른다. 확실히 그것은 성격 탓일 경우가 많다. 그렇지만 우리는 지금까지 무슨 일이든 성격 탓으로만 돌리고 있는 것은 아닐까?

나는 누구든 조금만 노력하면 어떤 성격이라도 개선할 여지가 있다고 생각한다. 대체로 사람들은 곧잘 이성보다는 성격을 앞세우는 습관이 있을 뿐이며 그와 반대로 이성으로 성격을 다스리는 일 또한 몸에 익힐 수 있다고 나는 생각한다.

감정이 폭발할 듯하여 도저히 억제할 수 없을 정도가 되면 우선 감정이 가라앉을 때까지 침묵하는 것이 좋다. 얼굴 표정도 가능한 그대로 유지해야 한다. 평상시에 습관처럼 자신을 길들인다면 나중에 그런 일에 부딪쳤을 때 틀림없이 언행에 배어나오게 될 것이다.

간혹 잘난 체하는 말이나 재미있는 말, 혹은 다른 멋진 말을 하고 싶어 하는 사람들이 있는데, 이런 말들은 순간적인 호감은 살 수 있겠지만 사람들에게 호의적으로 받아들여지지는 못한다. 오히려 돌아서서 비웃음을 살 뿐이다.

만일 누군가 너를 비웃는 말을 할 때 본의 아니게 네가 듣게 되는 경우에도 못 들은 척하고 자연스럽게 넘어가는 것이 상책이다. 네가 있는 자리에서 직접 그런 말을 들었다면 부드럽게 웃어넘기며 상대의 말을 받아들여 재치 있는 유머라고 칭찬함으로써 자연스럽게 그 자리를 모면하는 것이 좋다. 어떤 경우에도 상대와 똑같은 방식으로 행동해서는 안 된다. 그럴 경우는 상대의 말에 자신이 상처를 입었다는 것을 공표하는 꼴이 되어 그간의 수고도 허사가 되어버린다.


어떤 일에 대해 교섭을 할 경우, 상대의 성격이 다혈질이라면 그 결과는 매우 유리하다. 상대는 자신의 성격으로 인해 사소한 일에도 마음이 산만해져 터무니없는 소리를 하거나 속내가 얼굴 표정에 그대로 드러난다. 그런 사람과 교섭할 때는 이런 저런 이야기로 상대방의 표정을 읽어내면 된다. 사람의 표정에는 반드시 그 진의가 드러난다. 비즈니스에서는 상대의 속마음을 간파하느냐 못하느냐가 성공의 열쇠이다.

자신의 감정이나 표정을 감추지 못하는 사람은 그런 일에 능수능란한 사람의 손에 놀아나게 된다. 모든 조건이 대등할 때조차 그러하므로 상대가 능수능란하다면 더욱 승산이 없는 것이다.

"그러면 상대에게 시치미를 떼라는 말씀입니까?" 하고 말할지 모르겠다. 하지만 그렇게 하는 것이 잘못은 아니다. 오래된 격언에 "속마음을 보여서는 상대를 제압할 수는 없다"는 말이 있다. 나는 더 극단적으로 말하고 싶다. 속마음을 상대에게 보여서는 그 어떤 일도 이룰 수 없다고 말이다.

똑같이 시치미를 떼는 일이라도 속마음이 간파당하지 않도록 하는 것과 상대를 속이기 위해 하는 것은 크게 다르다. 나쁜 것은 후자의 경우다. 속이기 위해 감정을 숨기는 것은 도덕에 어긋날 뿐만 아니라 비열한 행위인 것이다.

철학자 베이컨은 이렇게 말했다.

"상대를 기만하는 행위는 지적인 인간이 결코 할 일이 아니다. 속마음을 들키지 않기 위해 감정을 숨기는 것은 트럼프에서 자신의 카드를 보여주지 않는 것과 같지만 상대를 기만하기 위해 그런 짓을 하는 것은 상대의 카드를 훔쳐보는 것과 다름없다."

정치가인 볼링브로크 경도 자신의 저서에서 이렇게 말하고 있다.

"다른 사람을 기만하기 위해 자신의 감정을 숨기는 행위는 단검으로 상대를 위협하는 것처럼 비겁한 행동일 뿐만 아니라 확실한 불법 행위이기도 하다. 거기에는 어떤 정당한 이유나 변명도 통용되지 않는다."

한편 속마음을 들키지 않도록 감정을 숨기는 것은 전쟁에서 방패를 드는 일과 마찬가지며 비밀을 지키는 것은 갑옷을 입는 일과 같은 것이다. 일을 추진하고 교섭할 때 어느 정도 자신의 감정을 숨기지 않는다면 보안을 유지할 수 없고 보안을 지킬 수 없으면 일이 잘 풀리지 않는다.

마음속에 아무리 세찬 감정의 폭풍의 몰아쳐도 그것을 표정이나 말에 드러내지 말고 완전히 자신의 감정을 감출 수 있도록 노력해라. 힘든 일이지만 불가능한 일은 아니다. 지성인은 아무리 어렵고 힘든 일이라도 그것이 추구할 만한 가치가 있는 일이라면 지금보다 몇 배의 노력을 하더라도 반드시 해내는 법이다. 너도 분발해주기를 바란다.

*letter 44*
# 뛰어난 인물과의 친분은 네가 가진 실력이다

이 편지는 몽펠리에 도착해 머물고 있을 너에게 전해질 것이라고 생각한다. 무엇보다 하트 씨의 병이 하루 빨리 완쾌되어 성탄절 전에는 꼭 파리에 도착하기를 기도하고 있다. 네가 파리에 도착하면 소개해주고 싶은 분이 두 분 있는데, 두 분 모두 영국인으로 네가 그분들과 친밀한 관계를 맺기를 바란다.

한 분은 여성으로서 나이가 50세가 넘었다. 전에 너에게 디종까지 가서 직접 만나보라고 당부했던 하비 부인이다. 부인은 다행히도 올 겨울을 파리에서 보낸다고 한다.

하비 부인은 궁전에서 태어나 성장했으므로 바른 예절과 품격, 친절함을 두루 겸비했을 뿐만 아니라 식견도 높아 여성으로서 읽어야 할 필독서는 모두 독파했다. 라틴어에도 능숙하고 처신 또한 훌륭한 분이다. 하비 부인은 너를 친자식처럼 대해 줄 것이다. 너는 그 부인을 나의 대리인으로 여기고 무엇이든지 믿고 의지하며 부탁하도록 해라. 나는 하비 부인처럼 모든 것을 갖춘 여성은 드물다고 확신한다.

언행, 예법 등에서 부족한 점, 부적당한 점이 있으면 즉시 지적해달라고 부탁해라. 온 유럽을 다 다녀봤어도 하비 부인처럼 사람을 대하는 예절이나 언행에 밝은 사람을 보지 못했다.

너에게 소개할 또 한 분은 이미 너도 알고 있는 한팅던 백작이다.

그는 너 다음으로 내가 애정과 관심을 쏟고 인격을 높이 평가하는 인물인데, 나를 수양아버지처럼 따르면서 기쁘게도 나를 그렇게 부르고 있다. 그는 뛰어난 두뇌와 해박한 학식을 갖추었을 뿐만 아니라 성격까지 완벽하여 이 나라에서 제일가는 훌륭한 청년이라고 말할 수 있다.

그런 사람과 친해두면 언젠가는 반드시 좋은 일이 생길 것이다. 게다가 그도 나의 마음을 알고 너와 친숙하게 지낼 생각을 갖고 있다. 너의 장래를 생각해서 두 사람의 사이가 친밀해지기를 바라며 분명 그렇게 될 것으로 확신한다.

내가 너에게 두 사람을 꼭 소개하고 싶은 것은 사회에서는 연고관계가 필요하다. 신중하게 관계를 구축하고 잘 유지하는 사람은 틀림없이 성공할 것이다.

친분 관계에는 두 가지의 유형이 있는데, 그 차이를 항상 염두에 두고 행동하기 바란다.

그 첫째는 서로가 대등한 관계이다. 이 관계는 자질과 역량이 거의 비슷한 두 사람이 이루는 호혜적인 관계로써 대체로 자유로운 교류와 정보의 교환이 동시에 이루어진다. 이러한 관계는 서로가 서로의 능력을 인정하고 상대가 자신을 위해서 애쓰고 있다는 확신에 바탕을 두지 않으면 성립이 불가능하다. 상대에 대한 존경심이 마음속 깊은 곳에서 우러나와야 한다. 때로 서로의 이해가 대립되는 경우가 생기더라도 절대로 파괴되지 않는 상호 의존관계가 있어 조금씩 양보하여 최종적인 합의를 이끌어내고 마침내 통일된 언행을 취하게 된다.

내가 한팅던 백작과 너에게 바라는 관계가 바로 이러한 관계이다. 두 사람은 거의 같은 시기에 사회로 진출할 것이며 그때 너에게도 백작과 대등한 집중력과 그에 따른 능력이 있으면 너희 둘이 다른 젊은이들과도 힘을 모아서 모든 행정기관이 무시할 수 없는 집단을 만들 수도 있을 것이다. 또 그렇게 함으로써 모두 함께 발전해 나갈 수 있게 될 것이다.

다른 하나는 대등하지 않은 관계다. 한 쪽에는 지위와 재산이 있고 다른 한 쪽에는 소질과 재능이 있는 경우가 그것이다. 이러한 관계에서는 도움을 받을 수 있는 것은 한쪽뿐이고 그 도움이라는 것도 표면에 드러나지 않도록 교묘하게 위장되어 있는 경우가 많다.

도움을 받는 쪽 입장에서는 상대의 비위를 맞추고 마음에 들기 위해 상대의 우월감을 암암리에 묵인하고 있다. 도움을 주는 쪽은 자기만족에 빠져 있는 상태로 스스로는 상대를 자기 뜻대로 움직이고 있다고 착각하지만 알고 보면 혼자만 그렇게 착각하고 있을 뿐, 오히려 상대가 뜻한 바대로 춤추고 있다. 이런 관계에서는 잘 이용하면 뜻밖의 큰 이익을 가져다주는 경우가 많다.

이런 예에 대해서는 언젠가 너에게 편지로 말한 적이 있는 것 같다. 그리고 그밖에도 20~30가지의 유사한 예가 있다. 그만큼 한 쪽에만 이익이 되는 이런 관계가 일반화되어 있다고도 말할 수 있을 것이다.

*letter 45*
# 끝까지 냉정을 지키는 사람이 경쟁에서 승리한다

**네가 앞으로** 사회생활을 하면서 싫어하는 사람을 아무런 내색 없이 사려 깊은 태도로 대하기 위해서는 어떻게 하면 좋은지 알아두는 것도 참으로 중요한 일이다.

실제로 어떻게 해야 하는지 알면서도 막상 실천에 옮기려고 하면 뜻대로 되지 않는 것이 너와 같은 젊은이들이다. 젊었을 때는 사소한 일에도 흥분하여 두서없이 행동한다. 직장에서나 이성 교제에서도 마찬가지지만 특히 자신을 비판하는 말을 들으면 그 즉시 상대를 싫어하고 마치 오래된 원수처럼 서로를 헐뜯는 관계로 악화된다.

젊은이들에게는 라이벌도 역시 적과 다름없다. 일단 라이벌이

나타나면 조심해서 행동하지 못하고 적대감을 느끼며 냉정하거나 무례한 태도를 취하고 어떻게든 상대를 때려눕힐 방법이 없을까만 궁리한다.

이것은 어리석은 방법이다. 자신이 좋아하는 일이나 이성을 선택할 권리는 상대에게도 있다. 게다가 라이벌 앞에서 그런 행동을 보이는 것은 통찰력이 부족하다는 증거이다. 그렇다고 해서 자신의 뜻이 이루어지는 것은 아니다. 오히려 라이벌끼리 서로 다투는 사이에 제3자가 개입하여 실속을 챙기는 일도 종종 일어날 수 있다.

물론 사태는 그렇게 단순하지만은 않을 것이다. 어느 쪽도 그렇게 쉽사리 물러설 수 있는 입장이 아닐 뿐더러 사업이든 이성교제든 간섭받기 원치 않는 미묘한 문제임에 틀림없다. 그렇지만 원인은 제거할 수 없을지라도 그것이 어떠한 결과를 초래할 것인가에 대해서는 추측이 가능할 것이다.

가령 두 사람의 연적이 한자리에 있다고 하자. 그들이 불쾌한 얼굴로 서로 외면하거나 큰소리로 상대에 대해 듣기에도 민망한 험담을 해댄다면 그 자리에 있는 다른 사람들이 불쾌하게 여길 것이다. 그리고 그 싸움의 원인이 된 여성 또한 불쾌하다고 여길 것이다.

만약 그렇지 않고 그 두 사람 가운데 어느 한 쪽이 진심은 어쨌든지 표면적으로는 연적에게 상냥하고 신사답게 대한다면 어떻게 될까? 여성은 상냥하고 신사다운 사람에게 그렇지 못한 사람보다 더 많은 호의를 갖게 될 것이다.


일에서의 라이벌도 마찬가지다. 자신의 감정을 조절하고 겉으로 냉정할 수 있는 사람이 경쟁에서 승리한다.

프랑스 사람들은 '은근한 태도'라는 말을 자주 쓰는데, 이 말은 연적에게 노골적으로 혐오감을 표하는 속 좁은 인간을 대할 때 더욱 각별히 상냥한 태도로 대하라는 뜻이다. 이것을 보다 쉽게 설명하기 위해 나의 경험담을 들려주겠다. 네가 똑같은 경우에 처한다면 나의 경험을 거울삼아 상황에 잘 대처하기를 바란다.

내가 헤이그에 가서 오스트리아 계승전쟁繼承戰爭에의 참전을 요청하고 구체적인 교섭을 성사시키러 갔을 때의 이야기다.

당시 헤이그에는 유명한 대수도원장도 왔었는데, 그는 프랑스 편에 서서 네덜란드의 참전을 어떻게든 저지하려고 했다. 나는 그가 두뇌가 명석하고 마음도 따뜻하며 성실한 인물이라는 말을 듣고 서로가 오랜 숙적이라 친분을 쌓을 수 없다는 현실을 몹시 유감스럽게 생각하고 있었다. 그래서 제3자가 마련한 자리에서 그를 처음 만났을 때 나는 이렇게 말했다.

"나라끼리는 서로 적대시하고 있습니다만 우리는 그것을 초월하여 서로 가까워질 수 있다고 여깁니다."

그러자 그 대수도원장도 "저도 동감합니다"라고 정중하게 대답해주었다.

그 이틀 후에 나는 아침 일찍 암스테르담 의회에 참석했다. 그곳에는 대수도원장도 참석해 있었다. 나는 먼저 대수도원장과 안면이 있다는 것을 의원들에게 이야기하고 부드러운 미소를 지으며 말했다.

"저의 오랜 숙적이 이 자리에 계신 것을 보고 대단히 유감스럽게 생각하고 있습니다. 이런 말씀을 드리는 것은 이분의 능력이 제게는 일말의 공포심을 유발시키고 있기 때문입니다. 이것은 공평한 싸움이라고 할 수 없습니다. 이 자리에 계신 여러분들께서는 부디 이분의 힘에 굴하지 말고 이 나라의 이익만을 염두에 두실 것을 부탁드립니다."

나의 말에 그 자리에 있던 사람들은 모두 미소를 지었다. 대수도원장도 나의 그런 찬사가 싫지는 않은 모양이었고 15분쯤 후에 그 자리를 떠났다.

나는 더욱 진지한 태도로 사람들을 설득했다.

"제가 이 자리에 선 이유는 단 한 가지 네덜란드의 국익을 위해서입니다. 저의 친구는 여러분을 현혹시키기 위해 허식이 필요했는지 모르지만 저는 그런 가면을 벗어던지고 진실만을 말씀드리고자 합니다."

마침내 나는 목적을 달성했다. 그리고 또한 대수도원장과도 지금까지 변함없이 친분을 쌓고 있다. 제3자가 마련한 장소에서도 물론이지만 다른 자리에서도 서로 정중한 태도로 대하면서 서로의 근황 등을 스스럼없이 묻고 있다.

훌륭한 인격을 가진 사람이 경쟁자를 대하는 태도에는 두 가지가 있다. 아주 친절하게 대하거나 아니면 그를 때려눕히는 것이다.

만일 상대방이 갖가지 술수로 고의적으로 너를 경멸하거나 모욕한다면 망설이지 말고 그를 때려눕혀라. 그러나 그것마저도 네 마음의 상처가 된다면 표면상으로 극히 예의바르게 행동해야 한다.

그것은 상대를 기만하는 일이 아니다. 네 자신을 위한 현명한 처신이다.

여럿이 함께 모인 자리에서 무례하게 행동하는 사람을 정중하게 타이르는 것은 비난받을 일이 아니다. 대체로 그 자리를 원만하게 수습하고 주위 사람들에게 피해를 주지 않기 위해 노력하고 있는 것으로 비쳐질 것이다. 사회에는 개인적인 이유로 시민생활을 교란시켜서는 안 된다는 암묵적인 규약 같은 것이 있다. 그것을 침해하는 자는 세상의 웃음거리가 되어도 마땅하다.

우리가 살고 있는 사회는 시기심, 증오, 원한, 질투 등이 소용

돌이치고 있는 곳이다. 열심히 노력하는 사람들도 많지만 그들이 이룬 열매만 갈취해가는 교활한 인간도 있다.

이런 환경 속에서는 바른 예절이나 정중한 언행만으로는 살아남기 힘들다. 다른 장비를 몸에 지니고 있지 않으면 안 된다. 어제의 친구가 오늘은 적이 되고 오늘의 적이 내일은 친구가 될지도 모른다. 바로 그런 이유로 마음속으로는 미워해도 겉으로는 친절하게 대하고 사랑하되 신중을 기하는 것이 필요하다.

*letter 46*
# 너에게 들려주는
# 또 하나의 충고

**이미 너는** 한 사람의 사회인으로서 첫발을 내디뎠다. 아버지는 언젠가는 네가 대성할 것을 의심치 않는다. 이 세상에서 무엇보다 훌륭한 공부는 실천이다. 더불어 세심한 배려와 집중력이 필요하다.

이를테면 편지 쓰는 법을 예로 들어 너에 대한 조언의 총정리를 삼고 싶다. 편지 쓰는 법에는 사회인으로서 갖추어야 할 상식적인 요소가 잘 집약되어 있다고 생각하기 때문이다.

우선 사업상의 편지를 쓸 때는 뜻이 명확해야 한다는 점이 중요하다. 세상에서 가장 어리석은 사람이 읽어도 뜻을 잘못 받아들이거나 뜻을 몰라서 처음부터 다시 읽는 일이 없을 정도로 명확하게 쓰지 않으면 안 된다. 그러기 위해서는 문장의 정확성이 필요하다. 품격까지 갖추었다면 더할 나위가 없다.

사업상의 편지에서는 일반적인 편지처럼 상대가 좋아하는 은유나 비유, 대조법, 경구 등을 사용하는 것은 어울리지 않을 뿐만 아니라 때로는 불쾌한 느낌마저 준다. 그보다는 산뜻하고 품위 있게 정리하고 구석구석 상대에 대한 배려가 빈틈없이 깃들여 있다는 느낌을 주는 것이 바람직하다.

또한 편지에 쓴 문장이 제3자가 읽었을 때 자신의 의도와는 다른 의미로 해석될 염려가 있는 대목은 없는지 점검해야 한다. 특히 대명사나 지시대명사에는 주의를 요해야 한다. '이것', '그것', '본인' 등등을 함부로 사용해서 상대의 오해를 살 여지가 있다면 다소 내용이 길어지더라도 '××씨', '○○에 대한 안건'이라고 분명하게 명시하는 편이 좋다.

사업상의 편지라고 해서 정중함이나 예의를 무시해도 좋다는 것은 아니다. 오히려 '귀하를 알게 된 것을 영광스럽게…'라든지 '저의 견해를 말씀드리자면…'처럼 다소 경의를 표하는 것이 꼭 필요하다. 해외에 있는 외교관은 국내에 편지를 보낼 때 대개 윗사람인 각료나 지원자에게 쓰는 일이 많으므로 특히 주의하지 않으면 안 된다.

편지지를 접는 법에서부터 봉함하는 법, 수신인과 발신인의 주소 및 성명을 쓰는 법 등에서도 보내는 사람의 인격이 드러나는 법이다. 그런 사소한 일로도 상대에게 좋은 인상과 나쁜 인상을 줄 수가 있다. 너무 세세하다고 여길지 모르지만 그런 점 하나하나에 신경 쓰는 것을 잊지 않도록 해라.

사업상의 편지에서 반드시 필요한 것은 아니지만 바람직한 요소가 품격이다. 글씨를 잘 써야 한다는 것은 그런 의미에서 중요한 요소다. 그렇지만 이것은 사업상의 편지로써는 끝마무리라고 말할 수 있으므로 너에게 이런 장식적인 부분까지 신경 쓰라고 하는 것은 지금은 삼가겠다.

문자나 문체를 지나치게 장식하면 오히려 역효과가 난다. 간결하면서도 고상하고 유연하면서도 위엄을 느끼게 하는 것이 가장 좋다. 그러한 편지를 쓰도록 유의해야 한다.

문장의 길이는 너무 길어도 너무 짧아도 안 된다. 뜻이 불확실하지 않을 정도로 쓰는 것이 바람직하다. 가끔 맞춤법이 틀리는 경우가 있는데, 그것도 비웃음을 사는 원인이 되니 조심해라.

편지를 쓸 때는 글씨체 또한 중요하다. 그렇다고 글씨본처럼 한 자 한 자를 신중하게 긴장해서 쓰라는 말은 아니다. 훌륭한 사회인은 빨리 아름답게 쓸 수 있어야 한다. 그러기 위해서는 연습을 해야 한다.

글씨를 아름답게 쓰는 버릇을 들여라. 그러면 윗사람에게 급히 편지를 쓸 일이 생겼을 때도 글씨 같은 사소한 일 때문에 걱정하지 않고 내용에만 정신을 집중시킬 수 있을 것이다.


      젊었을 때의 공부가 부족한 탓에 유사시에 작은 일에 마음을 빼앗겨 큰일을 처리하지 못하여 사람들로부터 비웃음을 산 남자가 있다. 이 사람은 '작은 일에는 통이 큰 사람, 큰일에는 소심한 사람'이라고 불렸다. 큰일을 대비할 능력을 제대로 기르지 못한 탓이다.

  너는 지금 작은 일에 대비하는 것만으로 벅찬 시기에 있고 또 그런 지위에 있다. 그러므로 지금은 작은 일만이라도 제대로 마무리하는 습관을 몸에 익혀두는 것이 좋다. 머지않아 너에게도 큰일이 맡겨질 때가 올 것이다. 그때 가서 작은 일에 신경을 쓰지 않아도 되도록 지금부터 준비를 잘 해두어야 한다.

아들아,
야망을
크게 갖고
세상을 다 품어라

## 원고를 기다립니다

삶의 향취가 우러나는 글을 위하여 백지 앞에서 앓았던
수많은 시간을 되새겨봅니다.

한 순간일지라도
진정했던 삶의 모습을 글로 새긴 그대와 함께
영원까지 퇴색하지 않을 세상의 지혜와 사유를
글로 담은 그대와 함께
또 하나의 생의 흔적을 함께 남기고자 합니다.

도서출판 함께북스에서는 그런 열정이 뿜어져 나올
미래 작가의 원고를 기다립니다.

❈ 원고를 보내시는 방법
  • 우편접수 : 서울특별시 마포구 연남동 566-64
              도서출판 함께북스 원고담당자 앞
  • 이메일 접수 : harmkke@hanmail.net
❈ 보내주신 원고는 반송하지 않으니 반드시 복사본을 보내 주세요.